U0789311

郑易

你为什么这么做?
你不是说跟她不熟吗?

陈念

胡小蝶……
应该不想让大家看到,
她最后的样子是那样的。

剩 59 天
光荣
通过练习，巩固基
本知识，把握基本方
法，娴熟基本技能，训练解题速度

YAO HONG SCHOOL
YAO HONG SCHOOL

理想是力量的泉源、智

一百零八日　只为金榜题名

小北

　　这么笨，
　　很容易被人盯上的，
　　这样吧，
　　你要是付一点钱的话，
　　我可以考虑保护你。

陈念

　　你连你自己都保护不了，
　　怎么保护我啊。

温馨提示
出门请关好水、电、气、门窗，注意防
房屋租赁　　　出卖
黄经理：135　07827

长辅料行
晓长
5799 61608707
9438 63103795
外28号
扫黑除恶
有黑扫黑
无黑除恶
无恶治乱

小北

　　这个世界就两种人。

　　没本事、

　　被欺负的人，

　　有本事的、

　　坏人。

陈念

　　你是哪一种？

李想

再熬一个月，

我们就能一起去北京了。

陈念

那要是有人熬不过去怎么办？

比如胡小蝶？

李想

她太懦弱了，

不应该被那些人影响。

陈念

懦弱的不是胡小蝶，

是你，

还有我。

班主任

陈念，

你做得对，

你一定要相信自己做得对。

但是这个世界是很复杂的，

以后你会懂。

郑易

我 18 岁以前，

特别不喜欢睡觉，

现在每天都睡不够，

你知道为什么吗？

后来我想明白了，

因为有些人有些事我不想看见。

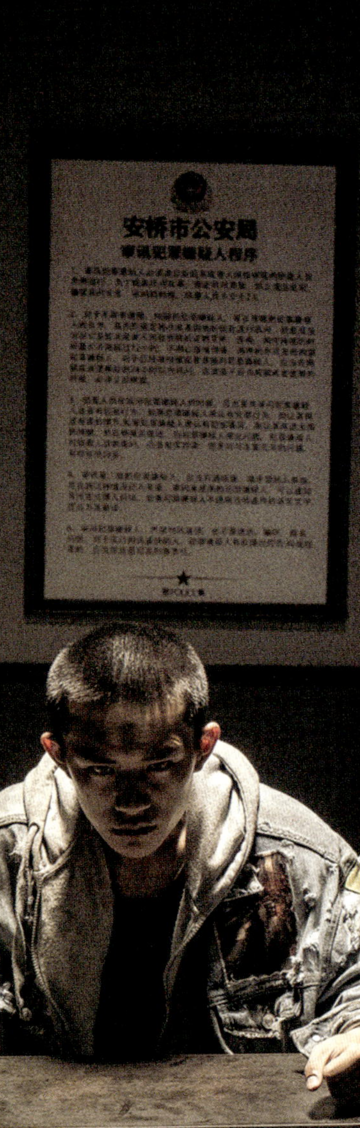
安桥市公安局
审讯犯罪嫌疑人程序
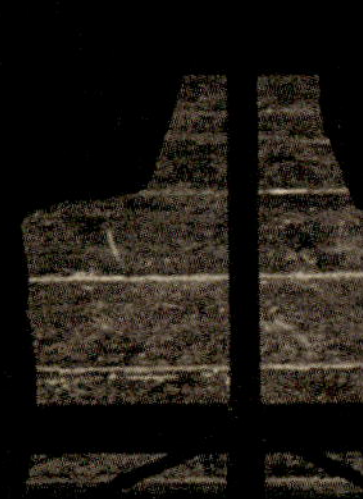

陈念

我妈说，

当大人就一点好，

记性会变差。

所以什么事都不用往心里去，

反正都会忘了的。

但是，

从来没有一节课教会我们，

如何变成大人。

"We are in the gutter, but some of us are looking at the stars. Oscar Wilde."
我们生活在阴沟里，但有人依然仰望星空。王尔德。

小北

你太干净了，
你不懂。

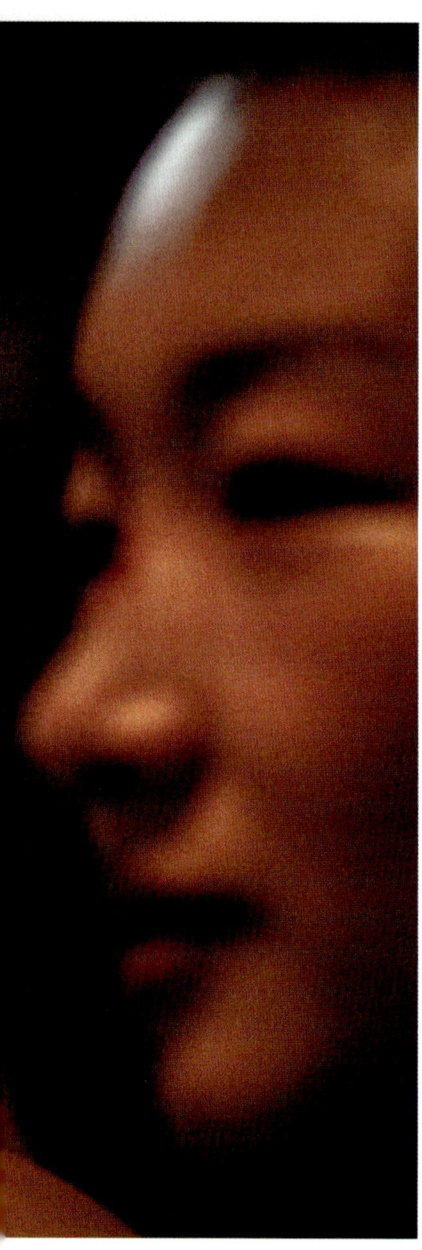

陈念

疼吗？

小北

陈念，
你是第一个问我疼不疼的人。

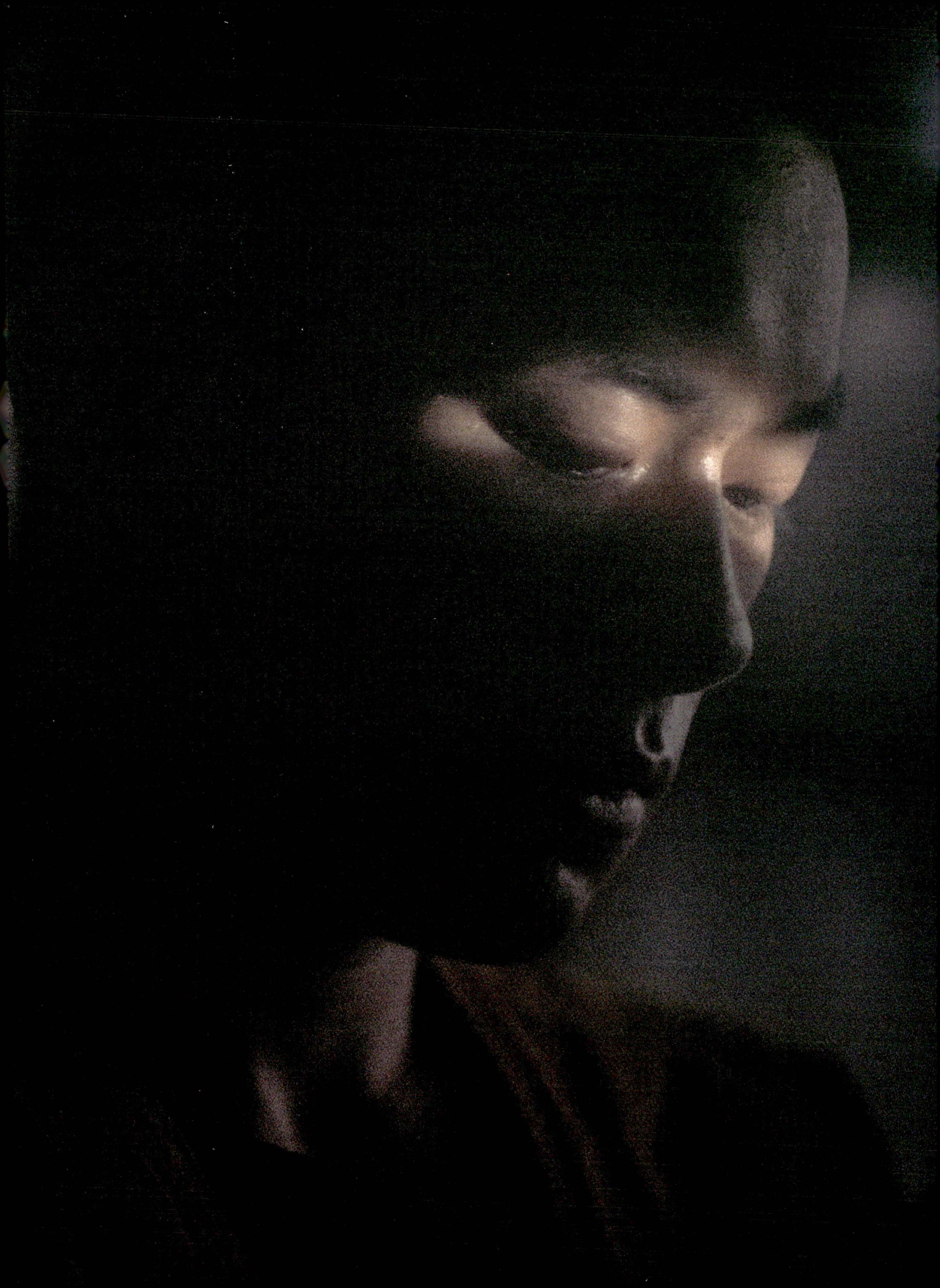

陈念

小北，

我现在觉得特别轻松，

就像期末考试，

最后一门终于考完了的感觉。

小北

是吗？

你们老师押题押中了吗？

陈念

中了。

小北

什么题啊？

陈念

《给二十年后的一封信》。

立 志 做 新 人

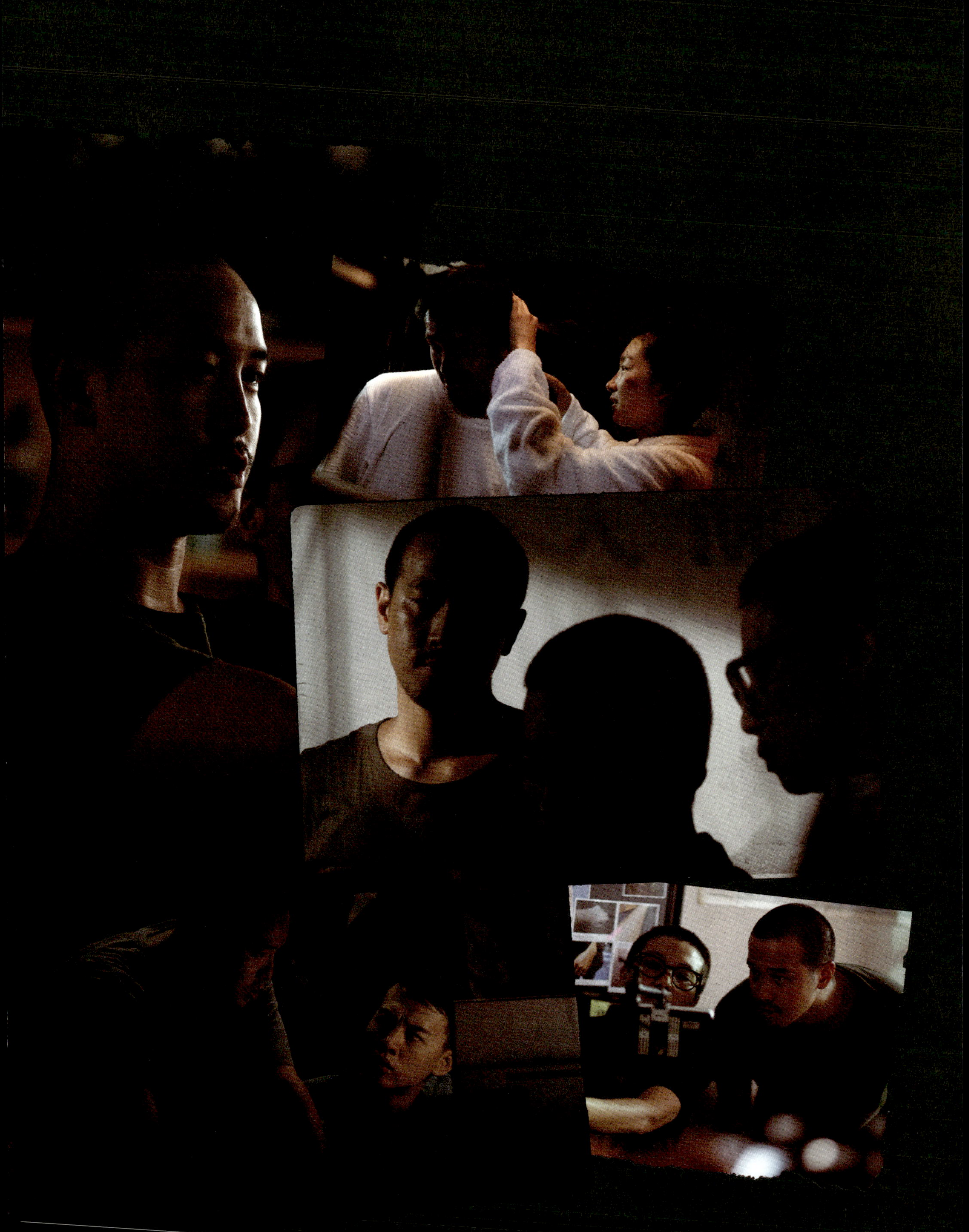

nglish eekly
Drone control

EI 800 ND - WB 3600 K
帧率 24.000 快门 172.8 曝光指数 800 ND - 白平衡 5600 K +0.000
SHUTTER 172.8 EI 800 ND 0.6 WB 480
电池 15.4V C028 C000 ●待机 存储卡 0:24 h 时间码 03:55:3
BAT 13.7V A145 C022 ●STBY CARD 0:11 h TC 0

4.000   SHUTTER 172.8
48.000   SHUTTER 216.0   EI 800   ND 0.6   WB 5600 K   +0.(4.000   SHUTTER 172.8   EI 800   ND -   WB 5600 K
BAT 14.4V   A143 C003   ●STBY   CARD   0:09 h   TC 16:45:10   BAT 14.0V   A174 C000   ●STBY   CARD   0:24 h   TC 22:5

种 今 朝 一 搏 必 成 功
激流勇进 乘风破浪
众志成城 一朝成就 再忆全心全力有苦
A188
曝光指数
4.000   快门 172.8

天天向上
24.0
BAT 15.6V
A125 C006 ●STBY   CARD   0:18 h   TC 21:
知识让学
每日对亲，看我今朝风

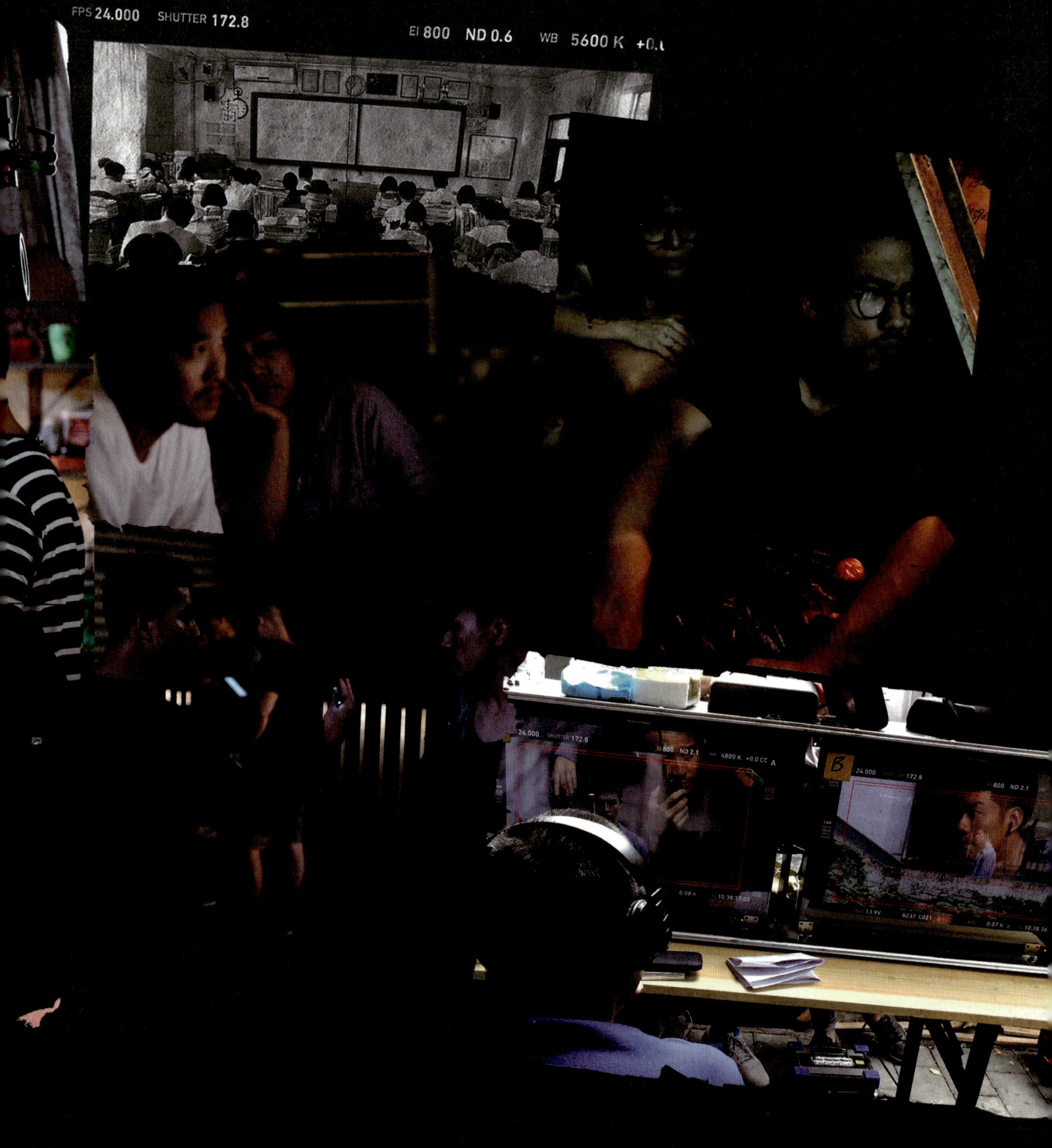
FPS 24.000
SHUTTER 172.8
EI 800
ND 0.6
WB 5600 K

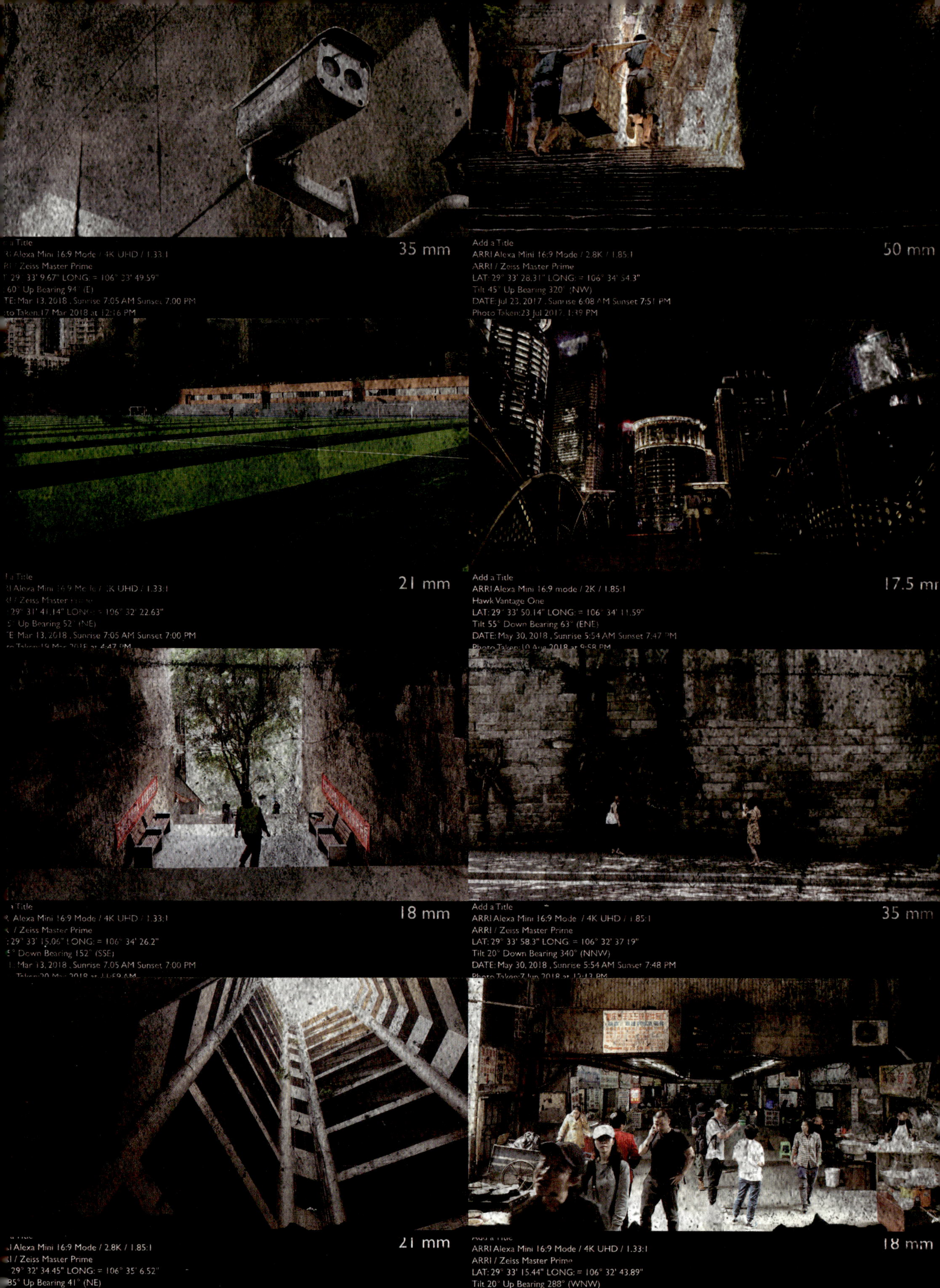
a Title
RI Alexa Mini 16:9 Mode / 4K UHD / 1.33:1
RI / Zeiss Master Prime
29° 33' 9.67" LONG: = 106° 33' 49.59"
60° Up Bearing 94° (E)
TE: Mar 13, 2018 , Sunrise 7:05 AM Sunset 7:00 PM
to Taken:17 Mar 2018 at 12:16 PM
35 mm
Add a Title
ARRI Alexa Mini 16:9 Mode / 2.8K / 1.85:1
ARRI / Zeiss Master Prime
LAT: 29° 33' 28.31" LONG: = 106° 34' 54.3"
Tilt 45° Up Bearing 320° (NW)
DATE: Jul 23, 2017 , Sunrise 6:08 AM Sunset 7:51 PM
Photo Taken:23 Jul 2017, 1:39 PM
50 mm
a Title
RI Alexa Mini 16:9 Mode / 4K UHD / 1.33:1
RI / Zeiss Master Prime
29° 31' 41.14" LONG = 106° 32' 22.63"
5° Up Bearing 52° (NE)
TE Mar 13, 2018 , Sunrise 7:05 AM Sunset 7:00 PM
to Taken:19 Mar 2018 at 4:47 PM
21 mm
Add a Title
ARRI Alexa Mini 16:9 mode / 2K / 1.85:1
Hawk Vantage One
LAT: 29° 33' 50.14" LONG: = 106° 34' 11.59"
Tilt 55° Down Bearing 63° (ENE)
DATE: May 30, 2018 , Sunrise 5:54 AM Sunset 7:47 PM
Photo Taken:10 Aug 2018 at 9:58 PM
17.5 mm
a Title
R Alexa Mini 16:9 Mode / 4K UHD / 1.33:1
R / Zeiss Master Prime
29° 33' 15.06" LONG: = 106° 34' 26.2"
5° Down Bearing 152° (SSE)
Mar 13, 2018 , Sunrise 7:05 AM Sunset 7:00 PM
Taken:20 Mar 2018 at 11:59 AM
18 mm
Add a Title
ARRI Alexa Mini 16:9 Mode / 4K UHD / 1.85:1
ARRI / Zeiss Master Prime
LAT: 29° 33' 58.3" LONG: = 106° 32' 37.19"
Tilt 20° Down Bearing 340° (NNW)
DATE: May 30, 2018 , Sunrise 5:54 AM Sunset 7:48 PM
Photo Taken:7 Jun 2018 at 12:13 PM
35 mm
I Alexa Mini 16:9 Mode / 2.8K / 1.85:1
I / Zeiss Master Prime
29° 32' 34.45" LONG: = 106° 35' 6.52"
85° Up Bearing 41° (NE)
21 mm
Add a Title
I Alexa Mini 16:9 Mode / 4K UHD / 1.33:1
ARRI / Zeiss Master Prime
LAT: 29° 33' 15.44" LONG: = 106° 32' 43.89"
Tilt 20° Up Bearing 288° (WNW)
18 mm

27 mm
Add a Title
ARRI Alexa Mini 16:9 Mode / 2.8K / 1.85:1
ARRI / Zeiss Master Prime
LAT: 29° 32' 18.81" LONG: = 106° 32' 51.08"
0° Down Bearing 184° (S)
DATE: Jul 23, 2017 , Sunrise 6:08 AM Sunset 7:52 PM
Photo Taken:24 Jul 2017, 5:29 PM

35 mm
Add a Title
ARRI Alexa Mini 16:9 Mode / 4K UHD / 1.33:1
ARRI / Zeiss Master Prime
LAT: 29° 33' 14.03" LONG: = 106° 33' 45.71"
Tilt 70° Down Bearing 282° (WNW)
DATE: Mar 13, 2018 , Sunrise 7:05 AM Sunset 7:00 PM
Photo Taken:17 Mar 2018 at 12:15 PM

40 mm
Add a Title
ARRI Alexa Mini 16:9 Mode / 2.8K / 1.85:1
ARRI / Zeiss Master Prime
LAT: 29° 34' 0.37" LONG: = 106° 34' 35.07"
10° Down Bearing 33° (NNE)
DATE: Jul 23, 2017 , Sunrise 6:08 AM Sunset 7:51 PM
Photo Taken:23 Jul 2017, 4:07 PM

18 mm
Add a Title
ARRI Alexa Mini 16:9 Mode / 4K UHD / 1.33:1
ARRI / Zeiss Master Prime
LAT: 29° 29' 36.26" LONG: = 106° 31' 49.53"
Tilt 30° Up Bearing 60° (ENE)
DATE: Mar 13, 2018 , Sunrise 7:05 AM Sunset 7:00 PM
Photo Taken:19 Mar 2018 at 10:18 AM

75 mm
Add a Title
ARRI Alexa Mini 16:9 Mode / 4K UHD / 1.33:1
ARRI / Zeiss Master Prime
LAT: 29° 29' 34.53" LONG: = 106° 31' 48.52"
90° Down Bearing 349° (N)
DATE: Mar 13, 2018 , Sunrise 7:05 AM Sunset 7:00 PM
Photo Taken:19 Mar 2018 at 10:31 AM

17.5 m
Add a Title
ARRI Alexa Mini 16:9 Mode / 4K UHD / 1.33:1
Hawk Vantage One
LAT: 29° 32' 22.61" LONG: = 106° 33' 46.1"
Tilt 20° Down Bearing 272° (W)
DATE: Mar 13, 2018 , Sunrise 7:05 AM Sunset 7:00 PM
Photo Taken:29 Apr 2018 at 7:12 PM

27 mm
Add a Title
ARRI Alexa Mini 16:9 Mode / 2.8K / 1.85:1
ARRI / Zeiss Master Prime
LAT: 29° 33' 31.98" LONG: = 106° 34' 59.79"
50° Up Bearing 347° (NNW)

27 mm
Add a Title
ARRI Alexa Mini 16:9 Mode / 2.8K / 1.85:1
ARRI / Zeiss Master Prime
LAT: 29° 33' 28.71" LONG = 106° 34' 54.63"
Tilt 0° Down Bearing 105° (ESE)

图书在版编目（ＣＩＰ）数据

少年的你 / 少年著 . —北京 : 北京联合出版公司，
2020.1
　　ISBN 978-7-5596-3660-7

　　Ⅰ . ①少… Ⅱ . ①少… Ⅲ . ①散文集 – 中国 – 当代
Ⅳ . ① I267

　　中国版本图书馆 CIP 数据核字 (2019) 第 281316 号

少年的你

作　　者：少　年
责任编辑：龚　将　夏应鹏

北京联合出版公司出版
（北京市西城区德外大街 83 号楼 9 层　　100088）
北京盛通印刷股份有限公司印刷　　新华书店经销
字数 136 千字　　787 毫米 ×1092 毫米　　1/16　　19.75 印张
2020 年 1 月第 1 版　　2020 年 1 月第 1 次印刷
ISBN 978-7-5596-3660-7
定价：168.00 元

产品经理：鲸落

营销支持：金颖

少年的你
Better Days

责任编辑：龚将　夏应鹏

出版统筹：潘良　张微微

产品经理：鲸落

特约编辑：孙悦久　周小雨

营销支持：金颖

封面设计：麦紫桁

内文设计：麦紫桁　杨人硕（MAKKAIHANG DESIGN）

磨铁

北京联合出版公司
Beijing United Publishing Co.,Ltd.

BetterDays

[Diary of shoots]

Author: 少年

《少年的你》

监制：	許月珍
导演：	曾國祥
摄影指导：	余靜萍
制片经理：	黃愚忠 - 139 **** 3377

2018年7月10日 星期二

Day 1 通告单　v1

开始拍摄：　1200

天气：	多疊　25-35℃	日出 0601/日落 1957

现场工作人员保持安静，手机调静音、禁止喧哗

出发时间

监制/编剧	1000出 / 1030到	摄影指导/B机摄影师	1000出 / 1030到	美术组	0830出 / 0900到	服装组	1000出 / 1030到	录音组 1030出 / 1100到
导演	1000出 / 1030到	摄影组	0930出 / 1000到	道具组	0830出 / 0900到	梳化组	1000出 / 1030到	DIT 1030出 / 1100到
导演组	0930出 / 1000到	灯光师	0930出 / 1000到	场务组	0900出 / 0930到	演员副导	1000出 / 1030到	宣传 1030出 / 1100到
制片组	0930出 / 1000到	灯光组	0930出 / 1000到	动作指导		动作组		花絮/剧照 1030出 / 1100到

早餐：	0730酒店
午餐：	1100现场
晚餐：	2015现场
宵夜：	

**** 剧组所有人员不能发放和披露开拍的任何消息和任何照片，需佩戴工作证，到指定吸烟处吸烟 ****

备注：

拍摄内容

场	景	地点	日/夜	内/外	雨	考前	内容	预计拍摄时间	角色
17	陈念家-睡房	海棠溪新街	日	内		57	陈念在做习题时有人上门追债	1200-1530 / 1530-1630转场	念
14	菜市场	上新街市场	彷晚	内外		59	陈念买菜、买鱼	1630-1800 / 1800-1900转场	念
3A	陈念家外	海棠溪新街	日	晨		59	念出门上学见妈妈被追债条	1900-1930	念
3	陈念家-睡房	海棠溪新街	日	晨		59	陈念睡醒	1930-2000	念
15	陈念家-大门外	海棠溪新街	夜	内		59	陈念在家门口发现死鱼	2030-2130	念
38B	陈念家-巷子	海棠溪新街	夜	外		48	陈念害怕地穿过漆黑巷子	2130-2200	念

主要演员

演员	角色	出发	化妆时间	现场时间	场次	服装	备注
	陈念	0930	1000@曼陀罗 / 1100出發	1200到达	17、14、3A、3、15、38B	17-念5、14-念3、3A/3-念2 / 15-念3、38B-念12	#14/15-裙要脏

特约/客串

演员	角色	出发	化妆时间	现场时间	场次	服装	备注
高旭东	鱼老板		1400@现场	1500	14		

替身

演员	角色	出发	化妆时间	现场时间	场次	服装	备注
陈忆君	念替		1030@现场	1100			

群众演员

场次	人数	出发	化妆时间	现场时间	服装	备注
17	6		1040@现场	1100	1.追债人-男2女4（从同一批路人挑选）	
14	10				1.路人-男6女4（40岁-55岁）	

群众总人数	10

摄影，灯光，陈设，道具，特别道具

制片部备注：		服装部备注：	陈念家借服装给陈设用，#14-备 工作人员服装做戏，路人最多3男3女
美术组备注：		化妆部备注：	
陈设组备注：		发型部备注：	
摄影灯光：		动作组备注：	

摄影	陈设	道具	特别道具
	#17 1-所有窗帘拉上 2-美容产品/仪器/饮料/箱子(大中小) #3A 1-债条墙 （贴在門口，要撕x10） #14 1-蔬菜摊位 2-鱼摊位 #3 1-陈念睡房	#17 1-陈念课本&习题&文具 2-拍打时可晃动的玻璃 3-陈念手机&耳机 4-椅子 5-陈念妈妈的追债单 6-斜挎包 7-胶刷&胶桶 #3A 陈念耳机&手机&充电器&書包 #14 1.蔬菜摊位 2.鱼摊位 3.陈念手机 4.耳机 5.背包 6.路人物品 7.菜篮子 8.塑料袋 9.烂菜 #3 1.陈念闹钟(05:30) 2.陈念课本&练习册 3.陈念耳机&手机&充电器 4.陈念校服 5.陈念的拖鞋	14场 1.鱼摊位死鱼 15场 1.死鱼
灯光	#15 1-陈念家楼道陈设 2-陈念的习题&课本&试卷&文具 3-台灯 4-文具&书包 5-陈念的衣物&拖鞋 6-陈念妈妈的衣物&拖鞋 7-中年女人用品(陈念妈妈生活过的痕迹) 8-厨房用品	#15 1-开膛破肚的死鱼 2-钉子(铁丝) 3-陈念书包 4-陈念家钥匙 5-陈念耳机&手机 6-陈念习题册&作业本 7-装有三颗西红柿的塑料袋 2-路人道具x10 #38B 1-陈念书包	制片组

对讲机频道：1-導演 2-導演 3-制片 4-備用 5-场务 6-服装 7-梳妆 8-化妆 9-机械 10-摄影 11-燈光 12-美/道 13-视效 14-场地&交通 15-備用 16-动作

制片主任：	吴放-139 **** 9321	执行制片：	尹冬-135 **** 8388	外联制片：	刘继川-139 **** 5354	现场制片：	王飞-186 **** 5163	车辆管理：	张鐵峰-137 **** 0456
第一副导：	曾祖-139 **** 3025	第二副导：	李海华-159 **** 0897	演员副导：	郭钟宇-132 **** 7732	演员副导：	赵恒-173 **** 5421	现场美术：	李栋-178 **** 4326
最近医院：									
第一副导：						制片经理：			

在蛋糕被端出来，灯被关上的那一刻，忽然有种命运感：

这是我走出校园的第一年，第一份工作，第一部戏，第一次过不再是学生的生日，就在开机前两天，故事叫作"少年的你"。

现在经历的，或许就是电影里陈念想知道的"如何变成大人"那堂课吧？

我也想知道。

筹备的这两个月，每天都在犯错、被骂，然后成长一点点。

买了两次西瓜，都还没来得及吃就坏掉了，只能扔掉。

从未如此深刻地意识到自己的犹豫不决、畏缩不前，意识到二十余年来的世界多么温柔。

而此刻，终于要踏出这个世界半步。

前路崎岖，世事险恶，但都要踩上一脚。

我不甘心。

人与人之间的关系复杂，学会周旋，学会保留真心就是长大吗？

无论如何，在这一刻，你要相信，一切不能将你打倒的，都会让你变强。

至少在这一刻，永远保留的生命中的这一刻，你可以脆弱。

再见少年，长大快乐。

——2018 年夏·重庆，某剧组闲杂人士的絮语开工大吉！！！

　　期待这一天很久了，真的来到以后反而除了有点跃跃欲试的紧张，其他一切都很安定，很好。我们的通告单，没有隶书，没有宋体，没有奇怪的颜色，赏心悦目。

　　第一天的戏，导演选择的都是与陈念生活环境有关的场次：早上醒来，放学，逛菜市场，回家，写作业，被追债……是想帮冬哥进入角色吧，来自导演的温柔。

　　很贱地挤进了陈念卧室隔壁放监视器的小房间，不知道该干什么，但看监视器学习总是没错的。

　　看到监视器，第一次这么直接地感受到镜头的魅力和专业演员身上那股吸引力。她一坐在那里，在昏暗的小房间里借着微弱的台灯光写作业，一下就感觉这里变成了她生活了很久的空间。甚至在导演喊"开始"之前和"卡"之后，她还一直坐在那里全神贯注地写个不停，和戏外的我们不在一个世界里，或许这是她帮助自己进入角色的方式？但导演一过去讲戏，她就变回了自己，然后这两个人就开始互怼谁的字好，谁的成绩好，各种有的没的，好吧，这可能也是导演帮冬哥放松的方式？

　　中午放饭，我们终于吃到了慕名已久的生活制片何姐牌盒饭！还没到放饭时间，何姐和场务大哥们就早早在陈念家门外占据了大树下的阴凉阵地，摆好桌椅，非常贴心。爱何姐！

　　休息的时候，组里的制片主任——我的诲人不倦的老大跑过来上课，让我观察每个部门都在干什么，干得好不好，尤其是拍摄的核心部门摄影组和灯光组。我感觉好难，完全无法判断，更何况摄影组和灯光组的大哥们看上去长得都一个样。总之都没掉链子。只是辛苦了导演组，一直在调教叔叔阿姨们声响巨大的"还钱！还钱！还钱！还钱！"，不能叫得像机器人般节奏均匀。记不清楚拍了多少条，过于洗脑，希望晚上睡前能彻底忘掉。

　　不过看着叔叔阿姨们休息的时候在一旁认真用重庆话讨论演技的样子，好可爱哦。

　　第一天晚上十点半就结束了，很好！希望今后保持这个节奏。

今天去戏里主场景之一——陈念的复读学校。暑假校园没什么人，阳光摇曳，绿叶婆娑，很南方的感觉，像回到了高中。

一进主教学区，就看到四栋楼围出来的一个天井，感觉整个人都颤抖了——电子大屏幕上"高考倒计时 60 天"几个血红的大字，四面楼的每层走廊的墙面全部贴满标语，什么"十年寒窗磨一剑，是非成败在今朝""有志者自有千方万计，无志者只感千难万难"……被鸡血包围的瞬间像是进入了战场。

美术组太懂了……

回想起高三复习的那些日子和心情，突然察觉到，此刻站在这里的戏外的我，应该算是"逃出生天"的"幸存者"吧？这么一想，有点后怕。

今天的冬哥换上了校服，蓝白色连衣裙，毫无违和感的学生妹，非常可爱。第一次踏进主场的她看上去和我一样瑟瑟发抖，她说："看到这些横幅就害怕，这些绝对不是在鼓励我，而是威胁我！"心疼她。

今天没那么顺，第一次进入霸凌戏，对平时大大咧咧的冬哥来说是个挑战，好像总是抓不住人物的情绪，一直让导演给形容词，还被导演嫌弃走路背影太不淑女，也是挺难。

还有一位让人心疼的姑娘，是演小蝶的妹妹。不得不佩服导演选角的眼光，第一眼看到她的感觉就是"像小白兔一样纯真到想让人欺负"（我好坏），身上有股动人的脆弱感。实拍的时候，小妹妹一遍遍地坐上洒满红药水的椅子，每拍一条都要换一条裙子。红药水啪、啪、啪地打在苹果箱上，声音响得吓人，结果导演还嫌药水不够多。导演，我劝你善良。

不过还好，戏外的小蝶同学是个性格很硬的女孩，即使这么拍了一天，看上去心态也很放松。想到以后的戏份，庆幸她是这样的人。

P.S.听说和陈念同班的帅哥靓女们基本都是"00后"，老了，老了。

监制的车不用帮她安排，安排也要问她的意见！！！

开机以后才三天我就又犯错了，差点搞得 Jojo 转场没车坐……听说老大在现场差点炸了，还好我当时没在，逃过一劫，吓死。

今天也够呛，白天拍上学路上，晚上拍放学路上，在白象街居民楼的超级长楼梯上来回爬了可能有 20 层楼那么高吧，山城欢迎您呢。

不过我也没资格抱怨，演员一条条地来回上下跑，导演还要求速度切换，还要求腿不能张太开，要优雅。更不用说还要带着器材跑的大哥们，还有我们最强的摄影指导小余姐——扛着摄影机跟着冬哥小跑的步伐在超陡的楼梯上倒着上倒着下，仿若杂技，牛。

下午转场拍了学校，有句很搞笑的台词。李想等陈念从班主任办公室出来，掏出一本卷子对她说："每当我心烦的时候，就会去做一套很难的题……"

你们学霸都是这样的吗？？？

听到这句话的冬哥忍不住接话，"那我会更烦的"。说得好。

说到这里，一定要赞美一下我们剧组工作人员的演技！光是在那间小办公室里就聚集了三名工作人员——班主任由选角导演岩哥兼任，学生家长则分别是监制司机程师傅和服装助理燕子姐，每个人都浑然天成、毫无破绽，用人效率极高。

今天收工还不算太晚，站在高高的石梯上从居民楼的缝隙望过去，白象居外就是长江，江水粼粼，对岸是夜晚映着辉光的高楼，原来陈念每天上下学都看见这样的风景。

第一次出晚班，睡饱吃足不慌不忙去现场，爽。

今天去一栋非常高档的别墅，房间内外都被场务组用毛毡铺满，所有的器材脚上都插了网球，为了防止剐擦磕碰，毕竟给人家弄坏了一点点都是钱。

演霸凌三人组的三个小姑娘今天应该是第一次合体，导演安排了一场三个人在卧室里享受闺密时光的戏，漂亮小姑娘们真养眼，周也小姐姐好美哦。然而我非常期待的袭胸情节并没有发生，因为演员的胸部大小和剧本角色并不对应，于是女编剧们根据演员的胸部大小把袭胸改成了比胸大。好气。

今晚一切都好，甚至有空调，除了蚊子太猛。

虽然晚班很爽，但晚班第二天是白班就很惨，今天又只能睡 4 个小时。

　　回学校拍食堂的戏，第一次请这么多学生群演，也算是大场面，这非常考验导演组的功力。

　　感觉副导们已经尽力了，但是要想让这么多学生一整天保持精力，调动他们的热情真的很难。一遍一遍重复同样的路线和行动，是件让人很疲倦的事，所以很敬佩现场副导典典，明明是现场消耗最大的人，却要全程保持积极劲头，用自身的能量去调动大家。能做这个职位的一定只有像他一样高大威猛的人吧。

　　今天听到冬哥哀号"好难演啊""不知道咋演了"，不知道她以前是不是也会遇到这样的情况。或许要让习惯了"放开了演"的她进入陈念这样一个表面无言内心丰富的人，比想象中更难。但导演真的很耐心地去给她讲感觉，每次讲完还要加上一句"相信你是专业的哦"（配上一脸姨母笑），也不知道是鼓励还是威胁……

　　突然想到，导演这是在推她吧。相信她能做到，于是推着她去不熟悉、不安全的区域，自己守着线；而她也相信导演那根线，所以才被他牵引，给他回应，愿意走向那些区域。

　　突然有点期待后面的日子。

　　拍完食堂，转场学校门口。从教学楼到门口有一条长长的被树荫遮掩的坡道。等到从校门口赶回教学楼拿东西的时候，踏上空无一人的坡道，我和楠楠不知道为什么都忍不住狂奔起来，像两个傻子一样开心。梦回少年时代。

又是一天霸凌戏，人生真的好艰难。

上午到体育馆打排球，为了光线效果，把馆里原本的遮阳板全部拿掉了，没有空调的铁房子一进去就像是进了汗蒸房，相当可怕。

布置现场的时候，导演和小余姐没事打起了排球，到最后大家都一起加入，虽然热得要死，但是很欢乐。

听说兼职出演体育老师的副美术大姚昨天紧张了一天，明明只有一句台词，结果拍的时候舌头打结好几次，导演过去让他放松，但他看上去更紧张了。

实拍陈念打排球被孤立的时候，因为原本的小妹妹不会打，导致拍得断断续续，小余姐当机立断，一把抓我过去充当坏学生，然后就在汗蒸房里打了一上午球。这个剧组的用人效率未免太高……

最精彩的当然是陈念被排球暴打的戏。谁敢砸冬哥呢？当然只有我们导演了。回头一看，这个人已经跃跃欲试很久，在旁边一边笑一边"砰砰砰"地疯狂砸球练手感，终于确认了导演其实是魔鬼这件事。

这场戏开始气氛还蛮欢乐，但为了追求"痛"的效果，那个男人毫不留情地一遍遍砸，到最后感觉大家都痛得麻木了，就像围观一场真的霸凌一样，很难受。

所以当听到她震彻整个体育馆的那句"有完没完啊——"，那里面爆发出的力量既惊人又好像在情理之中。导演真高明。

这条终于过了以后，冬哥立马跳起来向导演和小余姐扔球泄愤，可爱。

白天是武戏霸凌，晚上就是文戏霸凌——魏莱合成陈念的裸照发到班级群里，大家起哄的场景。大姚在用 Photoshop 做这些道具色图的时候，一度担心自己会被周冬雨团队追杀，但实际上冬哥看到这些图反而很开心，鼓励大姚还可以来点更猛的，心也是很大呢。

但是，17 岁的陈念不是冬哥，她怎么会觉得开心呢？

拍了好几条，"00 后"同学们给的反应几乎是本色出演，一次比一次热烈，但陈念的反应却一直过不了，导演觉得张力不够。于是又想办法，开始是过去轻声细语地讲戏，讲到后来变成用沉默逼迫，终于逼出了眼泪。喊"过"以后，冬哥还拿着纸巾止不住地抽泣，导演从监视器旁走过去摸了摸她的头，什么也没说。

说起来，这应该是冬哥在这部戏里第一次哭出来吧。

今天还有件幸福的事，在打了一上午排球，累得很惨的时候吃到了二老大阿冬买给我们的冰甜品，忽然觉得当剧组闲杂搬砖女性也没什么不好。只要苦中作乐，日子就没那么难过。

就像今天很早出工，为了打印文件先冲去了办公室。

办公室灯也没开，一个人都没有，落地窗外是很久没看到过的朝霞。

原来夏天早上六点的景色是这么美的。

香山大酒店

今天这场戏，对剧本里的陈念来说是转折点，或许对剧本外的冬雨也是。

实打实地从楼梯上滚下去，不用替身。为了安全，来自香港的动作团队早早就和道具组一起布置好了用泡沫垫做的假楼梯，安排了一个动作人员扮成学生在楼梯上接住冬哥，同时顺势让她能够安全地滚下去。动作指导辉哥用香港普通话详细地给冬哥讲解动作要领，亲自上阵一遍遍示范，导演、Jojo、小余姐为了给冬哥信心，每个人都跑过来滚了一次，甚至好几次。看着他们明明狼狈但一点也不在意，充满干劲鼓励冬哥的样子，我在旁边站着觉得好惭愧。在现场，真的只有怎么把一场戏拍好这一件事而已，什么舒服、形象、累不累、疼不疼这些都不重要，只要方便、能干、高效。

冬哥真要滚的时候，看上去还是很害怕，豁出去滚了，躺在地上小脸都皱成了一团，接下来反而不怕了。实拍的时候，每一次我们都觉得可以了，但导演和 Jojo 希望再试，于是冬哥一遍遍地滚，一遍遍地调整。等到最后一条拍完，导演在监视器后大喊了一声："厉害！周冬雨！"大家都开始鼓掌。

这一刻让我觉得有点什么不一样了的感觉。

爬起来的冬哥向导演哭诉，昨天被排球砸得肚子上都有瘀青，今天又扑街这么多次，"我是不是要杀青了，我快不行了。"说完又拍拍小胸脯安慰自己，"没事，都挺好的。"

想抱抱小小身板的她（做梦）。

今天演郑易的尹昉小哥来试装，一坐下就和导演滔滔不绝地讲对角色的理解，听说之前还去警局体验了生活，学抽烟，一看就属于努力做功课的好学生，希望他能帮惨兮兮的冬哥分担点炮火。

今天——休息！！！

其实没想到原来还有休息日，感恩老板们。

下午在酒店办公室门外的走廊做魏莱假手的模型，预备终极霸凌戏用。

道具组长高个端来一桶白色粉末，加点水搅一搅变成了粉色的糊糊，让我把手伸进一个木盒子里，然后把那桶粉色糨糊一股脑儿地倒进去，要这样保持十分钟一动不动。

第一次失败了，高个说肯定是我动了。不是我，我没有。

第二次成功了，把手臂从那盒已经凝固成粉色果冻的物质里抽出来的紧致实在太过酸爽，导致我被迫发出奇怪的声音。回到办公室，看到那群男的都在猥琐地笑，而我的内心毫无波澜。

晚上大家一起去吃了火锅，希望明早不要拉肚子。

今天是个好日子，中午 1 点，在日头最烈的时候办拜神仪式，电子大屏幕上的字终于从高考倒计时变成了"开机大吉！"。

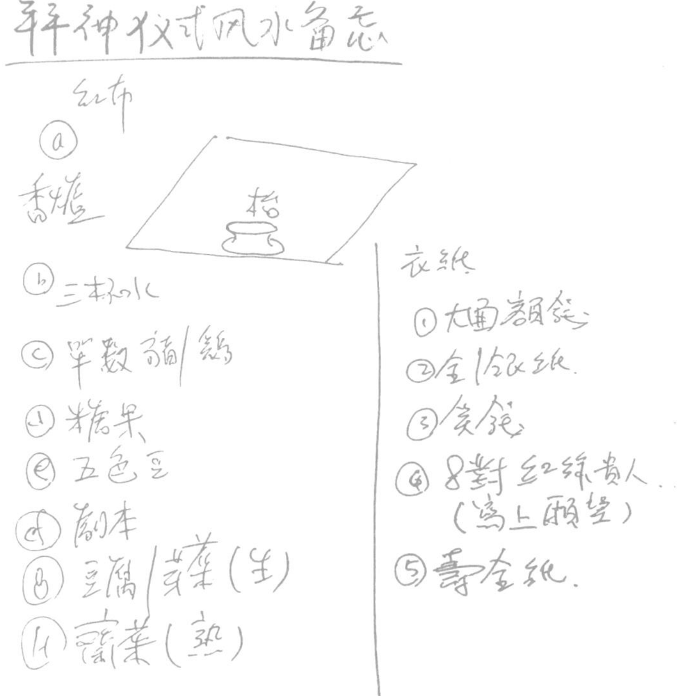

第一次参加拜神，感觉还是很讲究的，烧大香、扔元宝、切烤乳猪、按照顺序揭红布，请摄影机之神保证拍摄顺顺利利（每次听到摄影机之神都觉得好好笑）。拜完，何姐给了冬哥一个火龙果吃，寓意红红火火，结果她一把扔进了烧香灰的桶，大叫一声"心想事成！"……哈哈哈哈哈。

虽然今天理应热闹，但其实上午的戏并不轻松。罗婷和徐渺因为霸凌被停学，家长跑到学校来求情。当时坐在教室里看不到走廊里发生了什么，只听见一遍遍"咚"的一声，人重重摔倒在地，打骂声、哭喊声、同学们扒在窗户上惊呼的声音。可以想象外面有多痛，多难看地在撕扯，多么苦涩。

其实我很喜欢这场戏，生活就是这么不堪。两个女生飘浮在空中的霸凌者标签终于落地，变成了鲜活的人。

拍完通告上预定的场次，已经是傍晚了。导演急匆匆地像赶羊一样催着全班四十几个同学到操场去，叫着："快点快点，没光了没光了！"剧本里没有，通告上也没有，不知道他心血来潮想拍啥。

等到了操场，夕阳只剩一丝余光，已过了足球场的中线。然后我们一大拨人，同学、导演组、灯光组、摄影组，还有慢悠悠走来的编剧们，就开始在操场上追着光跑——拍完一条就要搬着一大堆器材赶紧朝光线溜走的方向挪几米，字面意义上的和时间赛跑，想想也很有趣。

所以拍的啥呢？这些还在上高中的十几岁少年，一个个走到镜头面前，走进光里，或羞涩尬笑，或哈哈大笑，要么就搞怪"凹"造型，放飞自我。他们这个时候已经不是演员了，就是想要留下自己青春模样的孩子们而已。不知道导演想怎么用这些年轻的面庞。

故事的底色再沉痛，少年时代独有的乐园、象牙塔、无忧无虑、世界还很大这样的气息，还是会在这些孩子身上冒出来的吧。这终究是属于少年的故事。

拍完以后，大家懒懒散散地往回走，经过操场，导演看到一个足球——可能刚刚拍的场景勾起了他的少年心绪——就立马变成高中男生，冲过去飞身一脚，结果没踢到！哈哈哈哈，尴尬。后来这群老男孩真的踢了起来，连小余姐也加入进去，笑得好大声。

好久没有这么放松的时刻，像以前在学校里上体育课自由活动，玩到一身汗水，却有种天高地阔的感觉。

今天拍跳楼，拍到真的想跳楼。

四百多名群演。

凌晨 4 点就出工。

帮导演组排人，喊到嗓子哑。

好累……今天就这样吧，有时间再写。

但是，也有很幸福的事，要认真记下。

导演说这场戏要清晨的光，所以才去得那么早，到学校的时候天还黑着。

靠在教学楼走廊上和旁边睡眼惺忪的小胖同学聊天，等待楼下布置现场。

等着等着，看头顶墨蓝的夜空逐渐变成了淡淡的粉红色，星星都不见了。这时候太阳还没出来，天空好美，是一天里最温柔的时刻。

那一刻我觉得，不管是我们、身旁的四百个学生，还是故事里的两个人，一定都会有光明的未来。

度过了昨天，像是安全渡过了一劫，感觉今后的大场面都不是问题，然而是我太天真。

今天是老杨和郑易第一次出场，初进组的黄觉老师和尹昉老师都很帅、很随和。黄觉老师的男人味哟。

和两个演员比较熟的赵静老师也来看情况，顺便请演员还有我们吃了冰粉，嘻嘻，好好吃，幸福感又增加了一点点。

郑易是这部戏里非常重要的角色，半个少年，半个大人，要跟两个世界打交道，所以也不是那么好把握。感觉尹昉为了找和陈念之间的感觉颇费了一番功夫，一直在想，在研究，经常会主动提出再来一条。

晚上要拍两个人吃火锅的戏，中午导演组让我们问两位有没有什么忌口，尹昉老师表示不要太辣，否则嘴唇会肿两倍，哈哈哈，画面感好强。晚上去了有名的岗上渣渣老火锅，没想到现场简直乱成一锅粥，瞬间打脸白天的天真妄想，怕了。

这是我们第一次拍外景，去的又是两路口又窄又火爆的小街，整条路本来就车水马龙，人来人往，环境特别嘈杂，对讲机都听不清楚，剧组车也没地方停，人也没地方站，简直不知道怎么搞。

这种场合最累的就是现场制片飞哥，乱中取静，要迅速组织场务组祭出拍外景的利器——围布。把要拍的区域围成一圈，没树就用电线杆，没电线杆就用魔术腿，魔术腿绷不紧就让人来举着。总之，必须在不穿帮的前提下隔绝路人与现场，尽快避免引起围观。

最后，因为在这场戏中两位演员表现得十分自如，提前了两个小时结束，十二点就早早收工。据说导演点了看起来很红的番茄锅，黄觉老师对没吃上正宗重庆火锅表示不满。

其实收工路上度过的才是一天中最欢乐的时刻。

把属于我们的瑞丰车后座放平到几乎 180 度，辛苦了一天后这么躺着一路回酒店，说着胡话，分享今天的快乐与苦涩。前排严厉的老大也纵容这吵闹，剧组里唯一一个戴白手套开车的我们的金师傅把车开得平平稳稳，重庆夜里的光影在身旁两个女孩脸上穿梭。我甚至偶尔会希望回酒店的路再长一点，让我们再多享受这放纵一些些。

好喜欢今天。有趣，有迷人的光彩，有美丽的眼睛。

晚上要第一次拍车戏，看到通告上写的"头车、戏用车、跟拍车"这些字眼就觉得很刺激，一直在等晚上到来。对于在这里的每一次新的体验我都无比期待。

其实今天也有许多其他趣事，比如中午因为赶不及吃饭，所以我们抄起盒饭就往楼下冲，到了大厅，发现上级们都还没下来，干脆就在酒店大厅席地而坐，风卷残云地开动，毕竟在剧组里首要宗旨就是吃饱。而阿迷起床就叫的炸鸡和奶茶外卖居然就在这个时候到达，简直极限操作。旁边的阿姨大概觉得几个小姑娘惨兮兮，于是给我们拍了照片，好好笑。

又比如晚上拍校门口的戏，我被派去和门口小卖部的老板娘唠嗑，尽量拖时间，以免人家关门关灯不连戏。和老板娘从平日生意聊到儿子的教育，再聊到彼此生活的艰辛，"你们这些小姑娘这么搞一天也是蛮惨的"，我疯狂点头，本以为心意相通，但她却并未因此少收我二百元场地费。在写收据的电光石火之间，突然就要开始拍车戏了，飞奔过去，慌乱之间上了我们金师傅的车，也不知道为什么，第一副导 Joe 哥和老大都坐了进来，这辆车就变成了头车。后面跟着的是尹昉驾驶、冬哥副驾、后座窝着摄影师、焦点员和导演的戏用车，再后面是录音组、摄影组、宣传花絮组，还有其他工作人员，可能还有其他车。

总之，我们就像蚁群出门时那只领头的蚂蚁一样，负责在重庆复杂的交通地形中开路、导航、压速度，几辆车没办法直接联系，只听到对讲机里"开快点快点""慢点慢点""靠边靠边""跟上跟上""好，再来一遍——"的声音，感到我们肩负重大使命（虽然我只是占了个位置，什么也没干）。

拍了一段后，停下来检查素材和录音，录音组老大黄铮老师觉得信号老是断，这样下去不行，于是跟导演提议进车里收音，但后座实在挤不下，只能进后备箱。没想到黄铮老师毅然决然地就进去了，一米八的大个子抱着录音设备蜷在不通风的狭小空间里，每拍一段就要停下，让他出来呼吸，出来一看，整个人都被汗水浸透了，敬佩。

而我们两个没事人坐在后排，后面就是演员，确认车跟没跟上的时候，怕穿帮，只敢趴下身子，从缝隙里观察。从这个角度看，身旁的女孩漂亮极了，这个城市的霓虹灯都盛进她黑白分明的眼睛里，我悄悄拍了下来。后来在 30km/h 的车速里，她安安静静地睡着了。

现在回想起来，今天就像一场充满刺激的公路片冒险，玩得好尽兴。

可能今天也是个好日子吧。我怀着敬畏之心，第一次进了解剖室和停尸房。

上午被派去同仁堂买藿香正气水，要烈性有酒精的那种，藿香正气液是不行的，紧赶慢赶跑了几个地方终于买齐，赶回来转场解剖室。藿香正气水全泡进开水里，摆好香炉，每个进场的工作人员在门口排好队，上完香，喝完 Jojo 亲手剪开的正气水，拿了红封才准进。所有人喝完都是一张极度生动、极度扭曲的脸，我心想有那么夸张吗？轮到我，一口闷，虽然味道真的一言难尽，但完全没想到的是，我竟然醉了……结果解剖室也没进，一直在外面躁动不安，忍不住想要抱人，直到转场停尸房才消停。

在解剖室里操刀检验魏莱尸体的，是我们请的真法医，给魏莱替身化死尸妆的时候，法医在一边指导科普：剧本里魏莱死后被抛尸埋在地下，长时间之后手部表皮呈现撕裂性的伤口，皮下翻开的肉是粉红色的，一旦脱离地下环境运到殡仪馆接触到空气（2 个小时后）肉就会变黑。导演听后希望还是呈现偏粉的效果，这样在镜头里的视觉呈现比较恐怖。

特别要对饰演魏莱尸体的那位胖姑娘表示敬意，对我们化妆组高超的技术表示赞叹。因为尸体看起来真的很吓人。

去停尸房的路上，隐隐约约听到哀乐的声音。到了停尸房，不需要很多人进去，也没有很多人想进去。大家游荡在傍晚半山泛紫的天色里。

我想起了勘景的时候，在那个灯光一片惨白的冷冰冰的空间里，每个停尸格子上都有一张小标签，上面写着名字和死因。车祸、跳楼、上吊、不明……还有些其他的。生命的结局就在这里，储藏着曾经都是鲜活有故事的人。

这场拍摄结束，B 机摄影师 Saba 杀青，我们为他献上了可爱的小花花。现场气氛终于轻松起来。

明天休息，大家约了晚上一起去 KTV 唱歌。我翻出了收在箱子里很久的长裙和吊带，在重庆夏天晚上稍微温柔一些的温度里刚刚好。

所有人都嗨疯了，沉浸在不需要考虑明天的那一刻。

第二个休息日，上午去接了我们新的 B 机摄影师鸡蛋进组，晚上大家一起去勘景。然而下午出门前，看到老大又在办公室里睡着了，电脑还开着。他每天都是最后一个走，甚至忘了走。有天早起去办公室拿东西，开门看到坐着个人，吓我一跳，发现是他，居然躺在椅子上睡着了。一个把办公室当家的人。

晚上官宣，反响很热烈。

回过神来发现，原来都过去半个月了啊，时间好快。想一想又觉得好慢，好像经历了很多，也才不过半个月而已。

如果说有什么没想到，那就是没想到开机以后反而觉得日子好过很多。筹备期的时候，只有小部分人在，开机就是开战，一切准备都要在开机前做到最好。那时候我还什么都不懂，每天绷着一根弦，觉得日子好苦，压力好大，哭到睡着，说"不甘心"。临到开机之前，大家陆陆续续都到岗，尤其是温柔又靠谱的二老大来了以后，帮近乎只身奋战的老大分担了很多压力，还耐心教导我们这些"菜鸡"，给我们安全感。

回头的时候才察觉，原来早就不再怕老大，反而变得因为能够理解而感到心疼；越来越少犯错，虽然谈不上游刃有余，但面对一切状况都有了冲上去把它解决掉的勇气。或许也是因为大家都在，感受到了所有人为了同一件事一起努力的能量。想起他们开机前一晚，笑着说"开机以后就是结束倒计时"，那时候还不懂什么意思，现在知道了，竟然开始有点舍不得。

现在终于找到一点点那种熟悉的、许多人一起并肩战斗，跨越艰难困苦去完成什么的激动人心。我知道，现在所结成的已不是学生时代被称为"羁绊"的情感，终于不再自称"少女"，冲上去解决问题的勇气也不再有不食人间烟火的天真；我知道，这里是大人的世界，但也相信，这是少年的故事。

此刻经历的，就是那堂课。

大人的世界残酷，希望长大的过程里，你要和他们两个一样，不能丢了少年的骨气。

今天是饰演陈念妈的吴越老师的第一场戏，我们都是看吴越老师的戏长大的！

刚进组的吴越老师也需要找找感觉，听说第一个和陈念打电话的镜头持续 NG，她非常不好意思，但到了晚上和冬雨染头发的对手戏就已经非常亲昵自然。她总是温温柔柔、客客气气的。

其实今天被放了假没去现场，因为晚上弟弟落地重庆，我要做好万全的准备去接他。第一次接机怕搞不清楚情况，所以和负责办公室协调的小勇提前了 5 个小时去机场候着，想先踩踩路线。结果其实没什么好踩的，早早地搞定了全部情况，只等人到，意外有了一段难得的放空时间。

关了空调敞开车门，在夏季的夜晚放肆地躺在座椅上，一边做表一边和小勇聊天。他明明年纪和我差不了多少，却已经是入行好几年的熟手。一切事务，订酒店、订机票车票、砍价做账、安排交通、采购物品、收发文件，整个剧组从筹备到杀青，我们的后备都交给了他。一直好奇他是怎么入行的，让他讲来听。听完只觉得神奇，电视剧般的情节，却又如此真实鲜活，印证了我之前关于剧组的想象——这里是和大学准校歌里那句"我们来自五湖四海"不一样的五湖四海，是真的来自不同地域、不同阶层、不同世界的人们会聚打交道的"江湖"，规则和我所熟悉的全然不同，感到自己从小到大的人生实在太过顺遂而苍白了。

弟弟是从上个剧组杀青后直接飞过来的，最后航班延误了一个半小时，凌晨 1 点才落地。胖虎老师带着弟弟和其他工作人员飞快地出来，又飞快地钻上车离去，只来得及看到一张戴着口罩的侧脸。

希望他们好好睡个觉，迎接明天和今后艰巨的小北改造工程。

　　昨天造型指导 Dora 老师专程从香港飞了过来，因为今天就要开始小北形象改造的第一步。我们一大早就到了酒店，等了一会儿，刚洗完澡吹完头发的弟弟就走了进来，谁知道这样鲜嫩的美少年下一秒就要失去头发了呢！

　　等导演和 Jojo 到场，梳妆杨哥就开始动手。整个过程弟弟话很少，更多的是沉默地看手机或是盯着镜子。他身上的沉稳自成气场，常常与周围的环境有些格格不入。直到试穿一套连帽衫配棒球帽，所有人都夸好看，弟弟才微微笑了一下，被 Jojo 抓到，揶揄他"这个小孩一脸严肃，说他好看他才笑"，害羞了呢。

　　做完造型，他身上少了自己的气息，小北的模样呼之欲出。Jojo 认真端详后说："你们以后不要叫他弟弟了。"经纪人秒懂跟话："是，以后叫北哥！"导演问胖虎要不要客串，虎哥连连摆手拒绝，但听导演提议他演个对付小北的打手，一开始拒绝的虎哥立刻说："那可以！"哈哈哈哈哈哈！

　　下午剧本围读会。两位主演初次见面，大家都客客气气，还有些生分。读完以后，导演问两个人有没有什么意见，弟弟表示比较介意抽烟，导演表示抽烟并没有那么可怕。是呀，小伙子，搞电影的哪有不抽烟的呢？啧。

　　后来导演解释陈念与小北之间的感情。他说，小北对外人、对兄弟、对陈念都是不一样的感情，陈念让小北看到做人的另一种可能性。这两个人之间不是纯粹的喜欢可以定义的，小北虽然是边缘少年，但也没进黑社会干坏事，内心还是保留着一些希望，以蝼蚁姿态挣扎着成为想成为的人。遇到陈念后，小北内心的这些希望突然有了实现的可能性。

　　呜呜呜。

　　最后，导演鼓励弟弟别有压力："晚上我们先热身，拍一场找找感觉。"

　　晚上少见的只有一场——小北威胁魏莱别碰陈念，在重庆的网红打卡地二厂拍。原先找的地方是条窄窄的通道，导演觉得不够好，一行人在附近转来转去，最终敲定了一条没有出路的昏暗小巷。因为小巷就在一个酒吧旁边，弟弟要从酒吧全透明的玻璃门前走过，所以巫妹被派进去坐在窗前，控制酒吧里的路人。结果一晚上被关在里面不准出来，独守寂寞空窗的样子好惨。

这场戏从技术上来说最难的是弹烟头的主观镜头，需要弟弟捏住嘴里的烟，然后精准地弹向摄影机，抓住那一点黑暗中的零星火花。为了避免被烫到，小余姐穿上了纸板做的背心，拍了好多条，终于抓到了一个时机完美的，相当可以。

从心理层面来说，第一个困难当然是抽烟。因为弟弟是控烟倡导者，所以道具组长高个专门费心地找来了不含焦油尼古丁的茶烟，这种烟貌似很呛人，还好今天不用吸进肺里，很快搞定。第二个困难是弟弟需要一把掳住周也小姐姐的裸肩，把她"砰"地压在墙上插上匕首。他开始有点放不开，不过几条之后就散发出了属于少年小北的狼性，顺利通过。

其实弟弟在现场跟导演还有所有人都很少互动，却很快能呈现出导演想要的感觉，大概也是个老天爷赏饭吃的吧。

最后，导演临时加了一个镜头——小北威胁完魏莱从巷子深处慢慢走出来，面对镜头露出隐藏的正脸，然后定格——刚第一天，就表现出了溢出镜头的凌厉感，够优秀。

对了，想起今天演员团队发现有黄牛在卖通告信息，下午加了黄牛微信想探听敌情。准备回去和财务大大商量一下，看要不要买一次通告来钓鱼执法，一天通告都卖一百二十元，那我们岂不是可以发大财。气死了。

连着两天，都是朝天门脚下的同一场景。关于弟弟和小北，最初也是最深的印象。躁动的，潮湿的，黑夜中的，肮脏的，夜风吹拂的。

其实，26 号下午他还抽空去练了摩托。因为小北有很多摩托车戏，导演和 Jojo 都希望他能真骑，担心他能不能搞定。到了场地，周围没人，摘了口罩骑摩托的少年被风吹起头发，看起来很自在、很开心，很少见他这么轻松的样子。

然而晚上才是"主菜"。

这两晚，是戏里陈念和小北初遇相识的重头戏，也是戏外冬雨和千玺的第一场对手戏；是组里第一次拍到天亮的大夜，更是第一次搞到字面意义上的污泥浊水、头破血流。真的很辛苦，佩服两位演员，佩服所有挨过去的人。

关于冬哥。现在的她已经越来越抓得到陈念这个角色，那些微妙的情绪出来得很快、很准，反而是动作戏，身体一直在被蹂躏。比如被罗婷踹翻，刘然妹妹一直默念"完蛋了，出道即结束""下次我想演一个好人"，尽管拿导演"试脚"了好多次，甚至小余姐也来踹导演示范，但实拍的时候还是不敢使力。冬哥在垫子上一直摔，也一直安慰刘然放开踹，最后终于来了下猛的，飞起扑街，这条才过。

再比如冬哥被小混混勒着脖子拖了一路，再被往前摔，跪倒在地，表情不能太狰狞、四肢不能太紧张，地上洒了水，试了很多条，每条不过都要重新换一身裙子。换好衣服的她并不显疲惫，看上去总是很轻盈。最可爱的一幕是，有一条，被拖过去的时候我们只听到"啊"地一声大叫，就见她两腿大张一屁股直接坐到了地上，脸皱成一团。监视器后面的人全都憋不住笑出声（全都是坏人），大家冲过去扶她，都觉得好可怜，结果小余姐放下摄影机还在止不住地大笑："我真的不忍心看一个少女跌得四脚朝天还走光，哈哈哈哈哈哈！"然后走过去笑着给委屈的少女安慰的抱抱，现在想起来还是觉得这一幕温暖。

又比如吻戏，原以为万千少女会很激动，但实际的情况并不让人这么觉得。一个被勒着头也动不了，满脸血；另一个跪在水里，浑身脏兮兮。专业的演员并不因此羞涩，导演过来一点点调整，陈念嘴唇的颤抖、小北眼里的情绪，从没见过这样毫不浪漫的亲吻，只觉得惨痛。

关于弟弟。天色很暗，地很脏，伤要很重，戏也很重——这是小北的出场，也是弟弟真正的出场。监视器里，他靠墙站着，姿态很随意，鸭舌帽下的脸看不分明，转过头来，才看见眼里有泪光，是被呛着了，可那神情还是该有的样子。那一刻我有种从骨子里生出的刺激，旁边楠楠更是兴奋地捏着我手臂说："好像年轻时候的梁朝伟哦！"（不过这个人觉得眼睛好看的都像梁朝伟。）

打戏开拍前，动作指导辉哥一遍遍演示殴打的要领，身后踹、扇巴掌、揪头发、踢肚子，怎么用力，怎么受力。他蹲在一边，不说话，目不转睛地看示范。实拍后，就是真的拳打脚踢。每拍几条，梳妆助理小帅就要重新给他梳头上的小鬏鬏，服装助理星星就要冲上去擦干衣服裤子，化妆组要补涂血浆，道具组要准备新的爆头用糖胶酒瓶。脏成这样也没法回房车休息，就坐在一边的蓝色胶凳上。他可能是嫌高，把凳子侧倒着放，坐上前端。我生怕凳子要翻之前，身边虎哥立刻出脚踩住后面，维持了平衡。旁边的执行监制小子看到我担心，就说"胖虎会保护好弟弟的"——这句印象好深。这份工作最开始没经验的紧张，大概是从理解了这句话开始缓解，一种信赖由此确认，感到安心。

最后，关于我们。

后来真的花钱买了黄牛的通告，还真是准的，但根本套不出话，无从调查，白花了钱，更气了。

今晚道具老师拉了一车假手，我掏出自己的来观摩了一下，细腻逼真，质感新奇，打人一点也不疼，很想偷一只收藏起来。

这里也是重庆让人惊叹的一隅。眼前一楼，另一边就是四楼。从这里 3 分钟顺着楼梯走上去的街，陪着弟弟的司机开了 15 分钟，从急死人的洪崖洞绕了一圈才到楼梯上面。

今晚的光很好看，重庆夜里的张扬只在这个江头角落虚虚洒了一层，灯光师彬哥命令手下补上，倒映在水里，灯红酒绿。

这一晚我们聊了许多，长者阿冬抽着烟向我们传授人生经

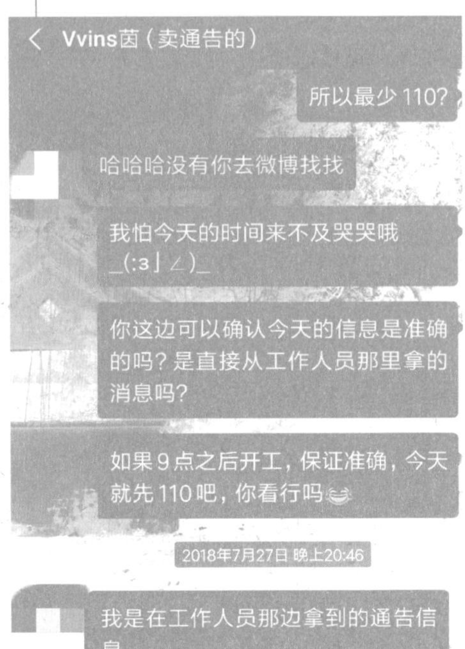

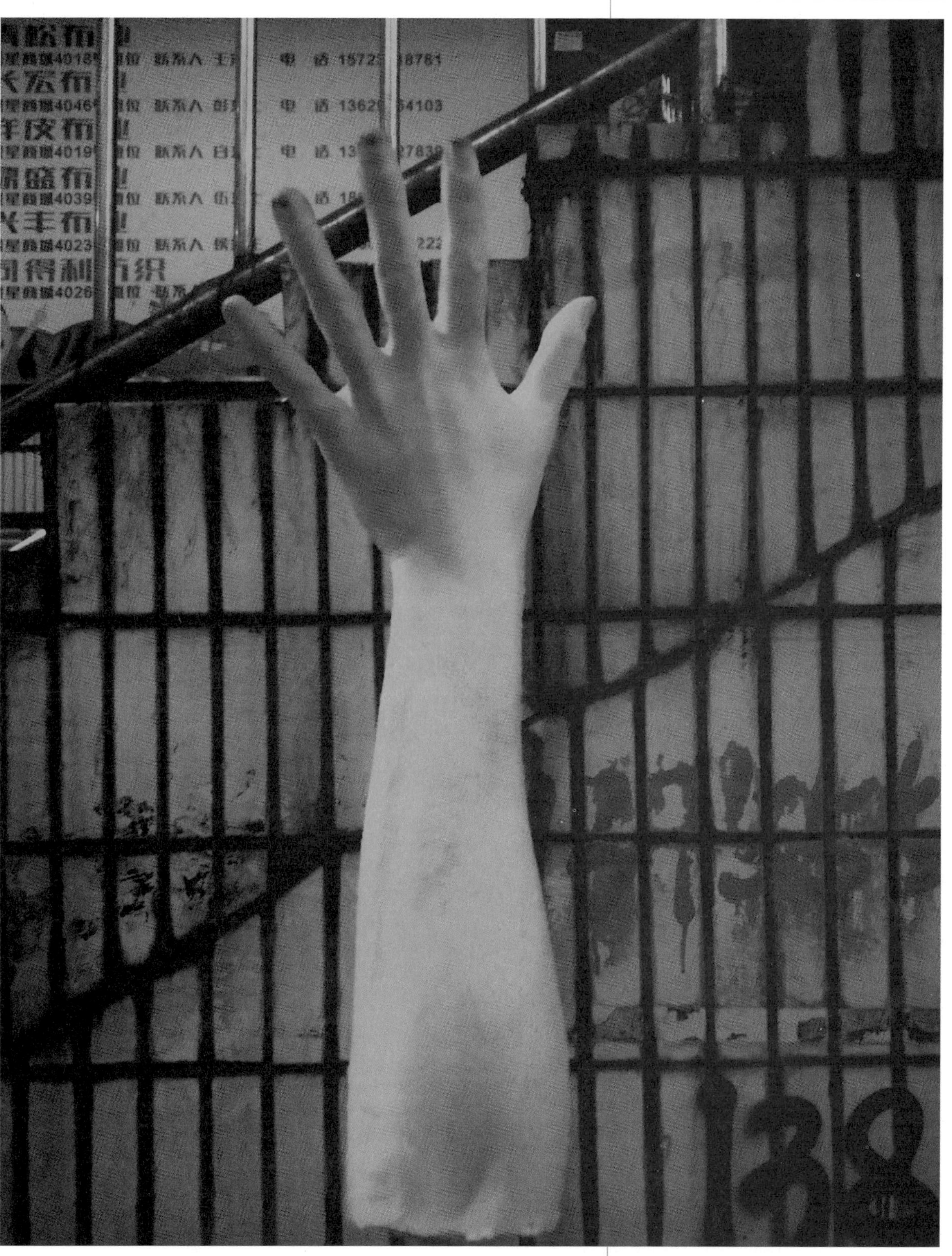
松布
星兴城4018 单位 联系人 王 电 话 15723 8781
宏布
星兴城4046 单位 联系人 彭 电 话 13629 4103
羊皮布
星兴城4019 单位 联系人 日 电 话 13 7839
盛布
星兴城4039 单位 联系人 伍 话 18
丰布
星兴城4023 单位 联系人 侯 222
得利布织
星兴城4026 单位 莫系

验，不一会儿就被逗得笑出嘴角的波纹，坐在水泥地上，背靠卷帘门，从逃离家乡开始说起，一步一步走到今天，都是有故事的。

狭窄的楼梯让大家的影子无处可藏，典哥一喊"开始"，所有人就变缩头乌龟找地方钻，免得穿帮。我半夜饿了，偷空跑去街边吃了碗六元钱的面，可还是最爱何姐的醪糟小圆子。心疼巫妹每天晚上都被派出去跑腿，被搞不清楚状况的司机气死了的脸庞却很生动，后来她忧郁地点上了女士凉烟。

银星商厦，厕所黢黑，小姐妹们个个结伴而行。即使大半夜了依然时不时有车经过，开着明黄的灯照亮我们。远处的天空，高楼的间隙里露出朝天门夜晚嶙峋峥嵘的霓虹，那些在未完成的建筑顶层支棱着的吊臂，总让我想起《新世纪福音战士》。

不到凌晨 4 点，批发市场就要醒来。大卡车发动引擎，大哥们准备上工，我跑过去希望他们搬东西小点声，大哥们只光着臂膀，齐心协力，大吼"一、二、三！"，一边笑我，一边沉浸在自己劳动的世界，虽然沟通失败，却也蛮可爱。

不到 6 点天就亮了，把弟弟送回车上，盼来了何姐的早餐，大概是终于可以收工，大家都兴致很高地就着咸菜喝粥啃馒头。我们走出去，正好看到晨光在充满赛博朋克感的建筑上冉冉升起，在朝天门的脚下，天光熹微的时刻。

今天拍小北帮陈念修手机，导演始终觉得不够松弛："还是太沉，不要那么认真，整个气氛就是很随意的。"于是弟弟就听导演的话，加了一些即兴的碎词和动作，然而却戳中冬哥笑穴。比如：

Take1：
北哥带着念念来手机维修店，跟老板来了个兄弟般的击掌。
冬哥：噗。

Take2：
北哥带着念念来手机维修店，跟老板来了个兄弟般的击掌。
镜头前的冬哥，努力稳住，稳住……
冬哥：噗哈哈哈哈！
稳不住了老哥。

Take3：
北哥带着念念来手机维修店，跟老板来了个兄弟般的击掌。
这次稳住了！
老板：修手机二百元。
北哥表示不满意。
老板：真不挣钱，她这内外都坏了，光零件就得一百五。
北哥（掏出二百元）：好，你牛。
冬哥（绷不住了）：哈哈哈哈哈。
持续笑场无数次后，导演觉得冬哥需要冷静一下，冬哥立誓："我再笑场我就不是人！"

我不禁想借用北哥的一句话："好，你牛！"

今晚最精彩的莫过于小北哥实操上手修手机的一幕。因为有特写，选角副导专门找来了专业人士来给弟弟现场培训，一个个步骤还挺复杂，但千玺看了两三遍就表示没问题。然后实拍，一条过。开机这么多天，第一次一条过，全场鼓掌。

今晚最搞笑的，莫过于后来我们几个蹲在马路牙子上聊天。聊得正开心，突然副导华弟走过来，质问我们谁压到了对讲机，

导演组频道一直占线，我们一下子慌了，纷纷推卸责任："不是我啊！""我没有啊！"阿冬看到在对面马路拦路人的楠楠，指着她说："怕不是你们导演组的吧？"——然后就被楠楠抓拍下这嫁祸的一刻。

不过，虽然今天拍摄一切顺利，但其实场外非常恐怖。不是第一次外景，却是弟弟第一次来到这么喧嚣的大街上，而且大概黄牛集体发力，突然多了几十个粉丝来围观，要盯住偷拍路透造型的，可能会暴起扑倒演员的，很麻烦。

每次带弟弟从房车去现场，一条路不过二十米，路上坐满了凌晨 3 点还不回家的小姑娘。我负责在前面开道，拿着激光笔故作凶狠地对着意欲起身的小姑娘们说："不准动！手机收起来！"后面胖虎和阿信打着黑伞把弟弟围得严严实实，飞速往前走，回头一看，发现他似乎很烦躁地想把伞推开。唉，跟被观赏的动物一样，小孩真可怜。

刚看到他发的图，更心疼了。不过是个 17 岁的少年而已，万众瞩目，活得好累。

P.S. 今天 Ellen 来现场探班了，要送她走的时候我们才发现，真人好娇小，好可爱。

今天的景色好美。

我们来到长江边的码头，要拍一段属于小北和兄弟们少有的轻松时光。

重庆仲夏的黄昏，真的很神奇。眼前是滚动的江水，对岸是层叠的高楼，头顶密云翻涌。道具老师在沙滩上点起篝火，年轻人放肆地骑着摩托车兜圈，扬起沙雾，雾中的小北斜倚在车上，和大家一起笑闹，举杯痛饮。

这个场景好像藏着某种恢宏，现场的气氛、散落的人们，都变得和平时不同。

黄昏一过，天色暗下去，闪电骤袭，劈裂云层。下水拍烟花的现场还在布置，导演和小余姐抓着弟弟去江边，背靠风起云涌的天幕，去抓拍闪电落下，照亮少年脸庞的一刻。

天完全黑了，大家穿上防水服，走入江水。少年们站成两排，点燃烟花，互相对放，"啪"地升空，浓烈的色彩一个接一个瞬间地坠落，然后照亮在场所有人的面庞。

在这一刻，拍摄的与被拍摄的，都变成了电影的时刻。

睡醒已经下午。

今天除了两个少女原本闲适的晚饭被某些老大无情打扰以外，无事发生。

不过阿迷给我们看了一张超级有爱的照片。她说昨天在现场看到 Ellen 因为小余姐很忙而无所事事，就跑过去和她聊天，两个人坐在江边，聊了很多。然后小余姐过来找她们，被副美术阿智远远抓拍到了这一幕。

我问她们聊了什么，阿迷说，她问 Ellen 会想要自己的小孩吗，Ellen 说暂时不考虑。

——"为什么？"

——"因为这个世界太坏了。"

是啊，这个世界太坏了。

现在做的事情，拍这部电影，也是希望让世界变好一点点。

今天拍小北护送陈念上学，在皇冠大扶梯，网红景点，拦路人十分艰巨。

拍完这场 Ellen 就要走了，走之前小余姐带着她来和冬哥打招呼，冬哥调皮地和两个人闹起来。好甜哦！

下午去摩配城，地下的空间曲曲折折、湿湿热热、烟雾缭绕，是属于小北的地盘。连着两场打戏。

先是麻将馆混战。假的桌椅、板凳、棒球棍备好，糖胶酒瓶再次上线，为了在画面里制造更强的烟雾感，这次还用了烟饼，特别熏。

虽说是混战，但每一步都被安排得明明白白——爆头、脚踹、猛扑、摔倒、拳拳互殴，小余姐在混乱的场面中疾速走位，闪转腾挪，完成一个长镜头，看得非常爽。

感觉弟弟每次对打戏领悟得都很快，真打起来毫不含糊，摔在麻将桌上那一下看得我尾椎疼。

混战完以后是打脸，字面意思上的。

导演开拍前说，我们真打，一条过！

然后实拍，排排站的弟弟们束手束脚，突然北哥飞起一巴掌甩在对面死对头脸上，场面立即暴动，导演赶快喊停，此时我们听见某人低下头小声说了句"好爽"。

没想到弟弟是这样的弟弟？？

结果第一条因为癫子在状况外，大家又重来一遍，有了第一次的"好爽"，第二次这些男孩子看上去似乎更乐在其中。打完了，弟弟和对面小哥拥抱了一下，小哥说"我脸都要麻了"，好惨。

此刻旁边的四字弟弟正抱着冰水敷脸，还一脸笑嘻嘻的。果然男孩子就是男孩子啊，无处安放的荷尔蒙。

不得不提今天的客串大戏，不得不再次佩服这戏里无处不在的工作人员们的演技。数了一下：

1. 麻将馆老板由高大威猛的现场副导典哥出演。

2. 光头打手 1 由一脸邪气的第三副导方舟出演（他真的好适合这种角色）。

3. 光头打手 2 由一脸社会气的某摄影组大哥（也有可能是

灯光组大哥）出演。

4．被牵连的小北兄弟兼手机店老板由（在《七月与安生》里也同样卖手机的）选角副导郭郭出演。

5．某颇有吨位的猛汉打手，由颇有吨位的演员助理猛汉胖虎倾情出演——承诺兑现的时刻！

我怕弟弟粉丝看到这个会笑场。

这个剧组真的很会用人。

今天第一次进小北家！

　　小北家建在隧道避险口外和盘桓立交桥下的一片杂草荒地上，就在我们酒店脚下，毗邻几个破烂棚屋。进去有两条路，一曰钻洞，二曰下山。钻洞白天是不可能钻的，所以我们只能一遍遍地上下巨陡巨滑的台阶和巨高的石梯。在重庆干得最多的事不是吃火锅，而是爬楼梯。

　　小北家是这部戏唯一一个我们自己搭建的景。从气氛图开始，到美术组的 **3D** 建模、置景组的搭建、道具组的陈设，当然还有外联的沟通，一个个环节执行下来，破败但五脏俱全的房子终于平地而起。我前两天看景，第一次看到完成态，真觉得超神奇，就像 *Minecraft* 一样可以从无到有地建造。我又觉得这间房子像是原本就在这里，墙面上的脱落划痕、门窗上的旧报纸和牛皮癣贴纸、屋檐上生出的杂草，看不出任何"创造"的痕迹。

　　但这就是创造本身。电影美术，创造世界，原来是这么奇妙的事。赞美我心目中最酷的女人——美术指导糊糊姐，更要向所有为了这间小破房辛苦工作了一个月的置景组兄弟以及他们压力巨大的老大高个致敬。建这天坑里的破房子，所有建材都只能凌晨 4 点后走隧道拐进避险口运进来送出去，所以他们这个时间就要开始卸货。等到了白天，十几个人就在大太阳底下蚊虫飞舞的荒地里造房子，这样一点点用汗水浇出了小北的家。

　　晚上实拍，弟弟遇到了挑战。小北养了只龟，第一次带女孩子回家，有点尴尬，就转身去骂自己的龟"龟儿子"来缓解气氛。结果这三个字，他就是说不出口——我现在想起千玺那张仿佛吃了脏东西一般想吐吐不出来的纠结脸还是爆笑。可能因为我们的仙女编剧和导演监制都没有说西南方言的，感受不到这个词独特的气质，而非常懂的湖南弟弟就很尴尬。

　　于是我们开始绞尽脑汁想别的词，瓜娃子、兔崽子、王八蛋、王八羔子、臭小子全部想遍了——不过最终千玺还是努力把"龟儿子"说出了口，说完就仰天长叹，一副壮士断腕的样子。旁边的冬哥一直在掐着自己的手怕笑场，这次倒是稳住了。

　　转眼 8 月，每天高温酷暑的山城也进入了自己的雨季。

　　刚过中午 12 点，正要拍重场戏，老天爷突然给我们浇了一盆冷水。看着大雨瓢泼的景观，忽然觉得有一点点浪漫。

　　只是对拍摄来说，从来没有浪漫，只有狼狈。小北家旁边就是立交桥的下水口，不过几分钟就下出了几条瀑布，噼里啪啦地打在杂物上。大家的第一反应不是躲雨，而是保护机器，只有拥有防水灯的彬哥在旁边气定神闲。

　　其实拍室内戏，下雨也不怕，问题最大的是收音。场务组、录音组想尽了办法，把所有的毛毡厚海绵都铺到瀑布下面还是不行——黄铮老师对声音的要求真的很严格（听说他们前两天还超夸张地跑到这里打药、杀虫、抓青蛙）。于是，导演开始了和录音组"能拍吗""不行啊""现在能拍吗""还是不行啊""还不能拍？""整体都不行啊（瑟瑟发抖）""好，你们牛"的博弈。

　　而我们这些没有资格担心拍摄进度的闲杂人士反倒很惬意。只要等待，什么都不想也可以。

　　譬如此刻，躲进隧道，坐在洞口，吹着夜风，听着雨声，把今天的故事写完。外面雨还在下，不知道什么时候是尽头。我们能做的，就是抓紧时间享受这短暂难得的无所事事。

　　3 点半了。雨没小，反而更大，导演说收工。

今天的小北家，有雨、青草、土地，还有蚊虫出没的味道。

要补昨天落下的戏，下午就出工了。但小北家大多是夜戏，所以白天几乎都要日拍夜，需要用钢管、黑布搭建小黑屋把小北家整个遮起来。阿冬和飞哥打配合，三下五除二搭起小黑屋，在钢管上像特种兵一样攀爬悬挂的样子很酷。

不过小北家一旦被黑布笼罩起来就变成了蒸笼，还好高个偷偷地在衣柜里塞了个空调。

晚上迎来了期待已久的摸腿大戏，玺弟也迎来了第二个艰巨挑战。

为了让演员放得开，房间清空了无关人员，导演蹲在小余姐身边，边看着摄影机画面边指导弟弟："第一下掀裙子要露出里面的肉，然后手再往里探上去。"然而指导多次后弟弟还是下不去手，原本说好的一条过变得无比漫长。冬哥看不下去，主动用导演的腿做示范："你就想象自己是个流氓。""你就摸吧，你再不摸我我就要摸你了！"

这就是，我们女的一流氓起来就没男的什么事了。

不过不知道今天来探班的导演女友 Venus 看到这一幕会作何感想，会不会回去使劲摸导演大腿，嘻嘻。但必须提出批评的是，和小余姐比起来，这一对真的太太太太闪了，你侬我侬闪得我看不清监视器。但是呢，想到 Venus 人如其名，真的好美，也没所谓了。有美女看总比没有好，嘻嘻。

还有一场戏很好笑，必须写下来。

千玺（按剧本里的发展突然走到床边）：把作业本和笔拿过来。

冬雨（到处找）：我书包呢，我笔呢……欸？

（好不容易找到本子和笔）

千玺：写"陈念欠小北一次"。

冬雨：哈？

千玺沉默没接词。

冬雨（继续）：哈？

千玺还是没接词。

冬雨（第三次）：哈？

千玺（接不上话）：我什么词？

冬雨（帮忙）：我又没说欠一次什么，也可能是饭啊。

千玺（小声说）：完了，我忘了……

绝了。

说起来，我注意到最开始冬雨和千玺在戏外还是很生分，虽然一上来就是激烈的对手戏，但两个人一走出镜头外，基本没说过话。冬雨可以一个人跟所有人嘻嘻哈哈，弟弟却总是自己坐在一边，只有胖虎陪着他。但这两天拍了小北家的戏，两人之间的气氛明显没那么生涩了。希望后面那些需要两个人结成一体去抵抗的残酷到来之前，两位演员可以做好准备吧。

今天拍到了天亮。

这种大夜最期待的就是夜半那声"放夜宵——"和收工后的早餐，感恩何姐一次不落地为我们准备战斗食粮，和大家一起端着碗哼哧哼哧吃饭，有种街坊邻居的亲切感。

　　小北家的第三个晚上，两位演员状态越来越好。

　　之前觉得滚楼梯是冬雨进入陈念的一刻，今天大概就是千玺进入小北、戏里的两人进入彼此心扉的一刻吧。

　　两位演员都拍得很动情。小北受了重伤，两人躺在床上，陈念问起他的从前。床是靠墙的，搭景的时候特意在靠墙的一侧做了能拆装的墙洞，让小余姐可以从床两侧都拍到特写。

　　"陈念，你是第一个问我疼不疼的人。"说完这句，男孩转过身背对女孩。一滴泪水从伤痕累累的眼角一点点流下来。而另一滴，在女孩的眼角凝结、落下，在她脸上画出泪痕。

　　这是弟弟的第一滴眼泪，也是冬雨在这部戏的汪洋泪水里最安静的一滴。这次再没有人逼他们，不需要逼。这两个生命太荒凉了啊，讲着讲着就哭了。

　　但我最喜欢的，其实是小余姐脱了鞋站到床上的那个俯拍镜头。监视器里，两个少年并排躺着，镜头缓慢地旋转，夏天的纱帐在画面边缘轻轻飘动。那之间有一种流动的、深刻的"交换"，静谧的、抚慰的，极其温柔。

　　天亮之前，去隧道拍小北骑摩托带陈念回家。弟弟第一次真正骑摩托，还是在高速行驶的隧道里，每个部门都做好了该做的准备，但都捏了一把冷汗。推开避险口内侧两扇巨大的铁门，涌进来车流猛烈的呼啸。前面开道的车、架设摄影机的三轮跟拍车、演员驾驶的摩托车、后面压住其他无关车辆的尾车，一辆辆开出去，一遍遍开回来。

　　印象特别深的是，对收音要求很高的黄铮老师想要上跟拍车，但条件不允许，一直想跟 Jojo 争取，结果在很紧张的情况下 Jojo 发了飙。她不管这些，最重要的是保证安全，保住画面，声音不行就后期再补再做，一下吼住了一米八的大高个儿。再次具体地感受到 Jojo 是一个懂拍电影的监制：整体地去考虑，在保什么牺牲什么中迅速做出选择，解决主要矛盾。没有十全十美的拍摄，只有尽最大努力去做。

　　拍完隧道，要拍避险口里。快要天亮，清走了所有会穿帮的东西，我们躲进小北家。趴在床上，吹着空调，结果睡着了。马上要睡着的时候迷迷糊糊在想，导演、小余姐、Jojo、千玺、冬雨，所有还在外面的人，连续 15 个小时高强度的拍摄，这一夜他们是怎么撑下去的。我不行了。

　　醒来的时候，听到"收工"，看窗外，又一次天光已经彻底亮起来。于是明天的通告，应该算是今天的吧，延后了两个小时开机。能多睡一会儿。
　　我没有坐车，慢慢走回了酒店。清晨的空气很温柔，还有充满生命力的鸟儿叫声。

今天又是晚上拍学校门口，去小卖部继续和老板娘唠嗑，她又收了我二百元场地费。

接着转场去了一家 KTV——"星月歌城"，有种老港片里纸醉金迷的意境。这是一个找了很久终于满意的景，导演看中了它门口那块大大的、廉价的、一直循环彩光的霓虹灯招牌。现场布置了半天，刚准备拍——结果招牌灯灭了。问 KTV 的对接人，说这个灯牌自动定时，凌晨两点就关了；外联也不知道导演是要这个光，没提前打好招呼；管灯牌的老板不在现场，估计早就睡了。

难道就不拍了吗？双方的对接人看上去都有"要不就这样将就拍吧"的妥协意思，但 Jojo 在这种事情上是不会妥协的。她立马亲自和对接人交涉，逼他给老板打电话，叫他立刻过来开灯——然后老板就赶过来了。

Jojo 也是，小小的身体里有巨大的能量。她逼人的样子总让我看得目不转睛，觉得非常迷人又激动人心，就像玩游戏刷关砍怪一样，她总是成功的那一个。

KTV 旁边有个小烧烤摊，画面背景会带到。她让我去跟人家商量一下，能不能买三百元的烧烤，然后请她在那儿摆一晚上摊。我去讲了半天，最终是既买了烧烤又给了钱……我好菜啊！

怎么才能像她一样，成为因为有她所以所有人都有了安全感，相信最终一定能搞定的人呢？苦恼。

我还是先干三十年再说吧。

这场拍小北和兄弟们从 KTV 门口出来，载着陈念的警车从他们身边开过。癞子和他女朋友在一边摸来摸去，小北却只能看到陈念坐在郑易的车里，啧啧。这部戏里癞子被设定为有好几个风骚女朋友，每次出场带的都不一样，据说导演让他把真女友叫过来演之后在网吧的亲亲戏。本来想让巫妹上，被巫妹坚决拒绝。"我演不出骚味儿来！"可惜我们巫妹是美艳而不自知。

收工又接近天亮，路边卖早餐的摊子都摆出来了，买了块炸油糕，大早上吃这么油我真是脑袋锈逗。希望明天不会不消化。

今天也要做个好梦。

晚安。

醒了，疑心自己是还在梦里，噩梦里？

……不知道，不知道今天有什么好记的。

什么也不想记了。

只有那个背影。那个背影是真实的，永远都忘不了。

下午一点，酒店的旋转门前，Jojo、小子和背着包的小余姐站在打开的车门边。

她们在告别。

外面是蓝天清风，艳阳高照。

Jojo 很用力很用力地拥抱了小余姐，从我这里只看到她的侧脸，看不分明。

然后她转身，小子扶着她，一起上了车。

我猜是去机场吧。那个颤抖的背影，是要去找她的爱人。

　　不要骚扰这宁静与冷清

　　不要玷污这美景

　　不要害怕幽暗的空间里孤独入眠

　　没有不了的自由心愿

愿你安乐。

愿你安乐。

　　小余姐和弟弟都走了，请了已经杀青的 B 机摄影师 Saba 再次回来救急。

　　又是好久不见的霸凌戏。

　　晚上听了 Ellen 的歌。想起昨天晚上阿迷喝了酒，脸红红的，说着说着就哭了。

　　还是不懂为什么。不懂为什么会这样。

　　现在回想起来才察觉，29 号那天的景色，仿佛带着隐喻，原来美得不同寻常。

今天 700 名学生群演，几乎是上次拍跳楼的两倍，去了南开中学的操场，在一座非常高非常高的环形立交桥下，依然赛博朋克。

9 点一过，陈念班级先在操场拍毕业照，直接让花絮阿母拿着他的机器当摄影师了。所有人都笑得是那个年纪该有的样子，只有陈念一脸漠然。拍完以后，应群演同学们的要求，导演也走过去，剧照师阿伦给大家拍了大合照，这个时候的冬雨才笑了。

接近 11 点，日头烈起来，吃完了早饭的 700 名学生换好校服在操场上排成八个方阵，主席台拉起横幅——"高考倒计时 30 天誓师大会"。

所有人，站在日头下，开始一起喊口号，一遍一遍，要激情澎湃，要声嘶力竭：

我发誓！
不负父母的期盼！
不负恩师的厚望！
不负天赐的智慧！
不负青春的理想！

我承诺！
不作懦弱的退缩！
不作无益的彷徨！
我将带着从容的微笑！
去赢得我志在必得的辉煌！

主席台上领读的学生代表张耀，放下了平时斯文的包袱，因为声音低，几乎每次大喊都破音。

两位摄影师肩扛着又热又重的机器在学生中穿梭，去捕捉那些紧握的拳头、额头的青筋、眼里的决绝。

航拍机在天空飞行，巡航俯视着少年们用尽全力给自己打气要拼出一个未来的样子。

从 11 点到下午 2 点，暴晒和怒吼的三个小时，时不时有人撑不住，被扶去树下休息，所有人都精疲力竭。这场戏终于拍完。

我和楠楠也在方阵里。她也不行了。蹲在地上蜷成一团，却还死命地说没关系，不肯回去休息——直到 Jojo 强行扶她下去，给她水，喂她吃的，命令她必须回去才妥协。我问她干吗这么坚持，她说不想别人觉得她娇气，剧组里的生存是很残酷的。我知道，她是非常非常"硬"的女孩，但有时候不懂，为什么她的世界里所有规则都冷酷到了这种地步。

送走了她，散场的时候，又有一个女生晕倒，群头冲上来猛掐她人中，女生被掐得大哭起来，叫声凄厉得骇人。我被吓到，上前看情况，群头却用非常老练的语气说："没事，都是这样的。"

我一怔。

对这场戏，本来，我一个过来人，是理性的、批判的，想把眼前的工作做好，但听到这一句，却一下掉入近乎恐惧的熟悉，入了戏。我想起来，那个时候，那些每个人全副武装奔赴高考的日子，多惨烈。可那些大人，整个社会都对你说："没事，都是这样的，都是这么过来的，撑住就过去了。"

但"从来如此，便对么？"

那撑不住的怎么办呢？

从来没有一刻感到自己离陈念如此近过。原来她就是我啊，是在场的这 700 个年轻人，是所有想通过高考抓住自己命运的人。而我只是足够幸运，逃出生天的那一个而已。

吃完午饭，转换心情。下午有一场新加的陈念被欺负后在洗手间镜子前发泄地揪自己头发的戏，那一场非常惊艳。最开始揪的是头套，梳妆老大杨哥尽全力帮她固定，但一用力，头套还是会歪掉，看上去超滑稽。刚才还害怕揪掉自己真头发的她主动跟导演提议说不然就真拔，导演说行，然后那一条，就演到了让人懂得什么是完整的表演的程度。

她对着镜子擦额头、扯头发，那些无声的递进的动作、表情、眼神、泪水，我们在监视器后面看得目不转睛，导演一直没舍得喊停，想看她还能给出什么。演到最后，她委屈抽噎着说："我演完了……怎么还不喊卡啊？"说完转身走出洗手间，就像陈念突然讲出了周冬雨的话，所有人爆笑，觉得好可爱。

那种戏里和戏外的连续与断裂之间的张力，我第一次感受到。

回房间，躺在床上闭上眼睛，脑袋里还是操场上烈得人睁不开眼的太阳和一直反复的口号声。

——我忽然想起来了。十七岁的时候，我们的高考倒计时十五天誓师大会，站在主席台上讲话的那个学生代表，是我自己来着。

想起来了那些日子，想起来那是我连续一周没怎么好好复习、倾注了很多心血、塞了很多私心话的发言稿。

刚刚翻了半天，终于找到。

那个时候的我，对自己、对我的同学们说的是：

> 最后，我们要感谢自己……我们站在十八岁这一道门前，看见的就不再是只关乎自己的狭隘的世界，而是这个社会的悲喜苦乐，这个民族的崛起与复兴。我们不再庸庸碌碌，不再惶惶不安，我们愿为一个辽阔的梦想而拼搏奋斗。从此，我们将以独立之精神、自由之思想去治学；以科学的态度、共生的意识去求索人生；以人文的情怀、历史的担当去关心社会，创造时代。于是，多年以后，我们可以说，是的，我见过我的梦。
>
> 高考并不是一个终极。我们所为之奋斗的，是青春与信念、理想与未来，是我们的人生与民族的进步。所以，请开始为更有意义的理想行动。然后，可以告诉自己，值得。

……天啊，我才发觉，那个时候原来我是那么真诚地傲慢着。在高考誓师大会上说什么"高考不是终极""为更有意义的理想行动"，全是成绩好、有退路的人的"何不食肉糜"。

又忽然明白，第一次在剧本里读到"保护世界"这句话，当时不是很理解陈念为什么这么说。现在才真正懂了——原来十七岁的我，想的也是要保护世界啊。原来是这样的，是这个意思，怎么会忘了呢？

幸好，幸好一步步走到这里，还算没有辜负十七岁的自己，没有辜负那些少年的豪言壮语。

这一切都是值得的。陈念，这一切都是值得的。

　　昨天写完，凌晨两点已经洗干净躺在床上，结果被拉起来去唱歌，我怎么这么作。

　　和上次比，大家更疯了。

　　拍摄过半，一开始那股劲头渐渐熄灭，越来越感到疲惫。压力最大的高个唱着唱着抱着麦克风就蹲在地上哭了，彬哥抱着他安慰，也不说什么。

　　好累，但总会过去的。

　　晚上要去接弟弟回来，太晚走不了要客通道，不知道场面会不会很恐怖。

　　撑住啊！！！

　　撑住啊少女！！！

棉花街水族市场。

密密红红的金鱼，眼睛大大的，腮帮鼓鼓的，在水缸里游来游去，打上光后，梦幻迷离。想起了《恶女花魁》里金鱼的隐喻，但在这里，它们象征的或许是某种美好。

陈念看金鱼，眼神天真、好奇、怜爱；小北看陈念，少了天真，多了决心。

女人街美容院。

小北陪陈念来美容院送货，化妆组吃货珊珊本色出演美容院老板。

花里胡哨的嘈杂环境，连路人也花里胡哨的，但有种生命力。

火车站车戏大本营。

这次上公路，因为车流量大，很危险，所以用了拖车带着摩托车走，演员只要坐在车上就可以。看大哥们就像组装一个高达模型一样架好拖车，感觉很厉害。

听说路上弟弟过于放松而忘记捏住车把手的时候导演吐槽："哇，他这么厉害，骑摩托不用扶把手的哦！"

我留在大本营发呆，突然 Jojo 叫我买速效救心丸，听到这药名吓一跳，她说是给花絮阿母的。拿到药给阿母，我有点小心翼翼，但他看上去并无异样，一脸笑容地接下，原来是熬夜太多心脏不舒服。原来这药并不是字面上快要不行需要速效急救的意思，还好还好。Jojo 说过几天会让起死回生的吴大夫过来给大家看看病，救救命。希望大家保重身体。

凯旋路电梯旁，城门洞。

小北送陈念放学回家。又是长长的楼梯。

到现场我发现，今天没有戏份的尹昉已经在等了，原来他是来和 Jojo 导演讨论过几天要拍的审讯戏。他说了很多自己的理解，也提出了很多疑问，对这场戏很看重。Jojo 对他说："明天和编剧把这段戏对一遍，演一遍，我找人帮你录"。真的非常用功啊。我想他自己也察觉到，这场戏，或者说这部戏，对他来说是巨大的挑战，也是机遇吧。想起《红海行动》里那个新来的狙击手，希望半个大人的他在长大的道路上，也能顺利一点。

收工时快 4 点了。

疯狂转场的一天。

大早上起来去监狱拍陈念出狱的镜头。

对接人迟迟不来，等了半天终于进去。限定进场人数 30 人，都要上交身份证明。

中午到德普外国语学校拍长大后的陈念教学生英语。

看起来就是非常精英的学校。

群演小朋友们非常听话，有活力。

"This is our playground."

这是我们的乐园。

"This was our playground."

这曾是我们的乐园。

"This used to be our playground."

这是我们曾经拥有过的乐园。

好伤感。

下午转场求精中学对面的网红步行街。高高的墨色砖墙上树根破墙而生，盘根错节，投下一片绿意。长大成人后的陈念陪着女学生慢慢走回家，身后跟着的小北，是干干净净的样子，脸上终于没了伤，走到监控下面，也不用再低头了。好爱这个结局。

之后又回到学校，拍小蝶和陈念的结局镜头，她俩直接用手机拍。是在最开始一切都没有发生的时候，小蝶想拍下大家的样子、大家的梦想，想和大家做朋友，说"高考以后大家看到一定会很感动的"。这就是，还是"This is our playground"的时候吧。据说导演想用这个做彩蛋，好像想了很多种结局，阿祥真的好有心。

今天最后一场，在魁星楼上的天桥上。

导演想拍的是从 22 层楼高的天桥上看过去，重庆市中心那些高楼大厦在夜里气质独特的华彩流转。和东京、曼哈顿这些国际都会都不同，它是无关精英的、世俗的，但又是张扬的、暴烈的，充满了未经驯化的、冲突的生命力。陈念会在这里对小北说："总会有办法的，总有一天我们可以光明正大地走在太阳底下。"

然而，23 点以后这些灯就都要熄了，22 点 45 分冬哥才拍完，从上一场出发。导演看上去非常焦虑，屋漏偏逢连夜雨，又是堵车，又是司机开错路，冬哥还要先撒泡尿，于是灯一栋一栋地熄灭，每失去一栋导演就骂一声，等演员上来，灯几乎全黑了。

正在这时，突然从黑暗中传来一个声音——"纯纯说不需要开灯"，一个白影走出来。导演第一个反应过来，冲上去给了她一个大大的拥抱——原来是"七月"来探班了。感谢天降七月帮导演转换心情。小马哥走到冬哥和千玺身边热情地打招呼，好姐们儿当然很亲热，一旁的弟弟只羞涩地回了个招呼，冬哥看他的样子帮忙圆场，"他比较害羞哈"，是这样的呢。

总之这场戏，没了灯光，有了美女，还是顺利地拍下去了。

道具用的冰棍和思纯带来的饮料全给我们吃完喝光。

但今晚最想收藏的是一个无意义的时刻。

弟弟不需要转场，提前到了我们准备的酒店房间休息等候。在导演争取晚点关灯的时候，我在房间里准备随时叫演员。等了好久也没好，于是松懈下来。弟弟的黑衣人安保坐在外面阳台上，他自己躺在床上玩手机，我盘腿坐在门口的地上发呆。从我这里只能看到他光光的脚趾和阳台外绚烂的灯火与江水。耳机里传来现场杂乱的声音，房间里响起弟弟放的歌，他随意地哼唱。那一刻忽然感到脱离当下，静谧安宁。

算算见这城市的夜色总是更多。

事务将生活的分秒填满，且弥漫其中，这样的日子缺乏审视，但也有这么一些划出深深痕迹的景色：譬如这样陪着少年在安静的房间听着歌等待召唤的某一刻；譬如高楼灯火渐熄、在桥上看见远方红色的星星露出光芒的一刻；譬如大夜收工时看见天空呈现出白、黄、蓝迷人的混沌，预告这城市将要醒来的那一刻。

天使的声音回应几多
这城市听得见么

　　今天拍小北和兄弟们在网吧打游戏，然后被警察带走的戏，感觉弟弟还是很享受前半段的，"打啊！""奶啊！"看起来十分开心。

　　虽然旁边一直有人放闪光弹。是的，这就是巫妹严词拒绝的传说中的亲亲戏。癫子叫来了自己的真女友，纯洁的我们并没好意思看，只看到导演笑得一脸……怎么说，满意？

　　不过我今天最敬佩的还是闲着没事的重庆市民们，真是服了。

　　对围观的热情可以战胜被拦起来什么都看不见的围布，战胜重庆夏天下午数小时的热浪，战胜我们激光笔的严防死守，甚至雨戏的水溅到了围布外面，他们躲开以后还要回来继续围观。三四十个人，在一件毫无意义的事上，想方设法，坚持不懈，也算是牛了。

谈好的景又一次出了问题，第一场戏没法拍，于是最早来到现场的人突然获得了在求精中学那条相当有氛围的街道上偷闲的时光。十几二十个穿着不同寻常、带着专业装备的人哗啦啦地走进某岁月静好咖啡店吃午饭，吓得服务员不知所措。才意识到原来我们已经无法被当作"普通人"了。

我们再次回到树根缠绕黑砖墙的坡道，和上次拍摄同样的内容。大概是导演对上次的画面不满意吧。原来他们每天回去都还要看当天拍摄的素材、之前素材剪出来的效果，保证电影最后能有成品的样子。相比之下，我们收工回去只是做几张表而已，轻松太多。

结果还没开始拍，我们就遇到一个喝多了发疯的路人，明明旁边有路非要说我们挡到他的路了，没人理他还嘴上不干净地一直骂，弄得开不了机，气得导演想打人。第一次看到祥哥这么暴躁的样子。

其实从来没仔细想过，导演都承担着什么，总觉得他都是提出要求做出阐释，然后让别人去实现的那一个，只要说"干得好"和"不行，还不够好"就可以的人。觉得他有 Jojo 挡在前面为他解决掉所有执行层面的问题，又站在他身边和他一起把控创作的品质，应该很有安全感才对。也习惯了他明确地知道自己想要什么的样子，却没想过，要走到"明确知道自己要什么"这一步，就已经是很大的压力了；没想过即便他知道自己想要什么，实际情况却给不了想要的样子时，他要怎么面对。毕竟其他大部分人都是来打工的，只有对他、对 Jojo 来说，是全身心投入了这部电影，从诞生开始的每一步，把它当作自己的作品、自己的孩子去对待。

这么一想，就觉得导演压力真大啊。心疼阿祥。

接下来转场七星岗，一个人来车往的十字路口，小北送陈念上学，绿灯最后几秒陈念赶了过去，小北却没赶上，被留在了街的另一边。在剧本里看到这一场，真的好难过。

现场所有工作人员都被分散到了十字路口的各个点拦路人，以免他们和男女主角一起过马路，结果突然发现自己旁边站着易烊千玺而惊起穿帮。由于工作人员如我，一身鸭舌帽、双肩包、冰袖、工装裤、运动鞋，加上对讲机，怎么看都不像路人，所以开拍前站在弟弟身边打伞拦人，开拍后就要侧身躲到路口勉强能遮人的大树后面收胸吸腹，以免穿帮，感觉好像在玩"不准动"，也蛮有趣。弟弟这场戏虽然被人群包围，但反而轻轻松松的样子，没人认出他的时候，就是最自在的时候。

晚上又是车戏，小北载着陈念穿梭过了这座城市的许多街道，许多夜晚。一条弯弯曲曲、起起伏伏的小路，还是拖车加摩托，我们依然坐在前面，没了第一次的兴奋，但还是很舒适。

后来弟弟先收工，我们陪冬哥继续转场陈念家，最熟悉的场景。

今天去全新的地方，被我们改成警察局的天主教堂——慈母堂。

早上上车后就一直昏睡，睁开眼已经被拉到远离闹市的鸡冠石半山腰上。一栋民国风的教堂，木制地板和楼梯、木制窗架，都刷上了乌木的颜色，白墙、过道两边是排列整齐的各科室部门，很安静，而且最重要的是，有空调！

但是，没有厕所。也不是没有吧，只是厕所在离现场很远的地方，还要爬楼梯上山，对导演、摄影师和演员来说是不可能离开现场那么久的，所以阿冬让我租了移动厕所，放在最近的大门荒地上。非常糟糕的体验，但有什么办法呢。厕所换空调，行吧。

今天第一场戏是小北在剧本里第一次露脸，在与陈念相遇之前，进局子被问话。这次要进行一个非常高难度的操作——嘴里含着刀片，被暴力取出，流下血。想想好疼。

弟弟事先喝了血浆，含了道具刀片在嘴里，在长廊里对戏黄觉老师。我们躲在房间里，看老杨经过小北身边又回头，只听到一句极具威慑性的"吐出来！"，他上前使劲捏住小北的嘴，两人对峙，小北邪魅地一笑，鲜血流下，刀片被捏出。在前辈面前，弟弟气场一点没输。

这场戏里，背景里还要有尹昉躺在走廊椅子上睡觉，然后，他就真这么睡着了。怕不是前两天对戏对的……不知道有没有成效。演员真辛苦啊，谁的压力都比我们大。

魏莱三人党被审讯这场，是今天最长的拉锯战。台词特别多，又是对手戏，每个人表现出来的样子跟内心戏又充满矛盾，欲盖弥彰，很有难度。三个少女一遍又一遍地尝试来达到导演的要求。导演每次都在"卡"之后姨母笑，温柔地走到演员身边说"再来一次"。能保持一直心平气和地鼓励演员，也是一种境界。这么说来，导演从没对演员和工作人员发过脾气，导演既是魔鬼，也是一个好人。

还要夸夸这场戏的光，虽然我不懂，跟普通话港味过浓的彬哥有严重的沟通障碍，但光的设计非常厉害，**low key light**（低调光），一束羽化的顶光下来，舞台灯光营造的非现实感，却像教堂忏悔室落下的圣光，照出了三个少女光鲜外表下的内心暗处。典哥在每个镜头开始前还会弹动纸巾，制造出强光束下空气中浮动着微尘的效果。

晚上放饭的地方，在教堂的观景台。山风把热气都吹散，山下是城市闪烁的灯火，抬头是天上闪烁的星星，一时竟不知身在何处。

好舒服。

今天过了，感觉这部戏就进入另一段了吧。

整个剧组的气氛都很凝重，没了往日的说说笑笑、打打闹闹。

小余姐晚上回来，Jojo 下午在大群里告知了大家这件事，希望大家在现场"不用特意表达关心，让她平静工作"。小余姐接话，"但不介意大家给我一个大大有力的拥抱"，于是每个人拥抱的表情刷了屏，第一次觉得只是这样的表情也很真诚，感到一丝力量。

但我们又犯了错。晚上，整个现场都在等小余姐回来正式开拍，因为航班延误、司机等待过程中松懈，而我们却没有盯紧情况，导致原本延误的时间又再次延误，老大质问的时候，已经不是生气了，我感到了他的无力。接到人以后，他说了一段长长的话。这么久，第一次看他说这么多，看到他摊开了脆弱的那部分，不是斥责，而是试图与我们交流。他说，这次的配置已经很好了，比以前好了数倍，面对一切情况，每个人的付出，只要"多一点点便足够了"。

觉得特别特别惭愧，明明已经到了这个时候，觉悟还是不够高，专注还是不够多，竟然逼得那样的老大说出了这样的话。

那么就要从今天彻底下定这"一点点"的决心。

小余姐到了现场，就要正式开拍了，拍这部戏里最残酷的一场——终极霸凌。

在此之前，各个部门都做了很多准备工作。场务组早在前一天就来仔细清理了坑坑洼洼，满是碎石和垃圾的门洞地面。Dora 老师再次赶来，指导化妆组准备血浆伤妆，梳妆组准备用来剪的头套和剪剩下的发片，服装组准备许多条用来被撕烂的校服，衣服被脱光以后用来遮掩身体的肉色内裤、文胸、乳贴，以及照顾演员的浴袍和用来在现场换衣服的小帐篷。而我们则协调了附近一家有空调的民居，希望至少能为演员提供好一点的休息环境。是的，这场需要冬哥，还有她的光替君君，被以各种方式打骂、剪头发、扒光衣服，当然也需要魏莱三人

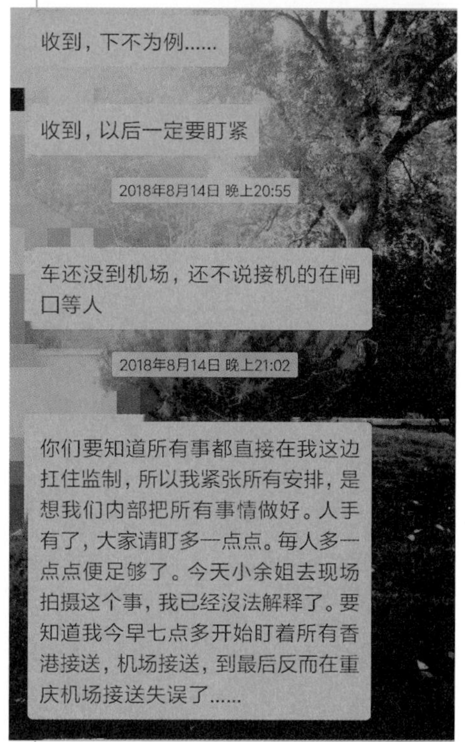

党和群演学生扮演这样对待她们的恶人。对每个人来说，都是一场恶战。

正式开拍前，我进去给小余姐送水，送过去，记着 Jojo 的话也不敢说什么，转身准备走，突然一把被她抓回去，然后用力地抱住——一个让人近乎窒息的、这辈子经历过最用力的拥抱。我反应过来，立刻用尽全力地抱回去。等走出去的时候，差点没忍住哭出来。

是了，原来小心翼翼的我们才是脆弱的那个，小余姐比我们所有人都强。不知道自己除了这一点点力气，还能为她做什么。

这场戏，太痛了，没法写太多。拍前导演说，今晚的宗旨是争取一条过，给魏莱打强心针，"冬雨是非常专业的演员，所以使劲打"；但一实拍，还是不行。小余姐也一直给周也、刘然鼓气，"使劲打一条吧，一条过她更舒服，你越温柔拍得就越多"。冬雨也说"没事，你就打吧"。但实际上，就这样反反复复拍了好多条。昨天还说导演从没对演员发过脾气，今天他面对这些下不去手、演不出力量，导致这条一直不过，冬雨就一直被打的小妹妹，真的有点生气了。

直到剪头发的部分，施暴的同学们才渐渐入戏。冬哥的哭，太令人心碎，真的头发，落得一地狼藉。

到了撕衣服时，现场工作人员减到最少，剩下必要的男性工作人员也尽量背对。为了增加视觉效果，小余姐用了 Lensbaby 镜头（一种移轴镜头）来模拟陈念被霸凌时昏暗迷离、意识游走的主观镜头。我在一旁随时等导演喊"卡"，然后迅速上前给演员盖住浴袍。那些撕扯、那些叫喊、那种捕食现场般的力量感与毁灭感，被捕食者无力还手的眼泪，触目惊心。光替君君不需要投入真情实感，但只是被施以这样的暴行，就忍不住哭了，"卡"了之后还总笑着说没事，很开朗的样子，不想让我们担心。而平时一喊"卡"就出戏的活蹦乱跳的冬哥，今天也变得沉默。

这场戏太残酷，又太过真实。之前导演组在网上找了很多霸凌视频当参考。就是那样的，那种看了会窒息的感觉。而今天我们却从屏幕外的旁观者掉进了现场。只是这是戏，还有"卡"；可是那些在校园中真实上演的暴力，谁来帮那些孩子喊

"卡"呢？

最后一镜。施暴者离开，支离破碎的陈念起身收拾一地残局，巷子里的一切都恢复了平静，但一切又确实发生过了，最后那个小小的身影，步履蹒跚地走出了这场残局。天亮了。

何姐已经准备了早餐，吃了一个鸡蛋，白白暖暖。

无论什么东西都行，让每个受伤的人都被治愈吧。

又是大夜，我们陪昨夜的陈念回到小北家，拍两个人终于到了必须结为一体才抵抗得了世界的残酷的样子。空气里弥漫着驱蚊水淡淡的香味，弟弟看着导演手里昨晚陈念被霸凌的片段，皱紧了眉头。

不知道出于什么心理，我不想待在现场，躲进了避险口的洞口，在那里远远地看着那条通向小北家的泥路，看大家忙碌的背影或长时间的寂静，知道拍得艰难。后来我问楠楠，这场戏拍得怎么样，她说，导演说冬雨的问题是不够崩溃，冬哥说："我每天过得这么幸福，你非要我……"话没说下去，让导演给她时间再思考一下；而千玺的问题则在于不够愤怒，导演说："那种生气和想甩开她的感觉要放大十倍。你以前不是这样的，你以前都是温柔对待陈念的，但小北今晚被愤怒和自责冲昏了头脑……"

两人今晚都被这场戏逼到了极致，导演甚至让千玺去设想身边的人如果遭遇这样的事："假如是你的亲人呢，你看到他们遇到这样的事，一定是疯癫的！"

戏一遍遍地磨，两人的表演还是没极致到导演想要的情绪。于是冬哥主动提出"我俩聊聊吧"，拉着弟弟躲进房子的小隔间里密谈。导演说好，就在门口等，时不时地观察他俩的情况。出来之后，两人不管情绪还是配合都特别默契。为了刺激弟弟，冬哥直接改词，在背后抱着他的时候小声呜咽，"你能吗？！你太尿了""恶心，所有这些事都恶心"，Jojo 听到这些词蒙了一下，但导演立刻理解了冬哥的意图。小北愤怒得情绪失控，却又在陈念无助地说"你能杀了他们吗"后，被抽掉了力气，只有眼泪一直流。

监视器后面的人看着两个少年愤怒、恨、无力，完全被带入了他们的世界。终于过了。

而我坐在洞口，身后是一对男女沉浸在自己世界里密切地谈天，眼前则远远看到了两个少年走出来，蹲在草边谈话的身影。无论是哪边，都无法靠近。

洞口的风一阵阵吹来，忽然感到自己像是一个寻觅而不得的游魂野鬼。明白自己不去看，是想把世界完完全全地留给戏里戏外要付出消耗到极致的两个人，希望他们，只有他们，成为彼此的力量，不要有第三人打扰。又察觉到原来这部戏拍到现在自己也从没对谁敞开过心扉，也因此畏惧在现场去目睹别人敞开自己的样子。不交付真心，这算是一种长大吗？好像也不是吧。

似乎这里的故事让人越来越能看清自己，终究是和学生时代的世界不同了。

接下来，是小北帮陈念和自己剃头，两人终于成为一体。虽然戏还是很痛，但还好，戏外的准备成为短暂的休憩，大家原来可以这么轻松地将痛苦消化成欢乐，这才是真正的大人、足够亲密的伙伴吧。

之前已经说好，冬雨剃头以后，每个部门都要出一个人陪她一起剃，"是我朋友就陪我剃头"，听起来像玩笑，但大家纷纷兑现承诺。首先"惨遭毒手"的是导演，冬哥说要"先试试推子好不好使"，好哥们儿爽快地伸过头去给她做大白鼠，"曾国祥的头发，我剪得太精彩了"，然后曾经的港产潮男就变成了悍匪；小余姐也跃跃欲试，"每个女生都要剃一次寸头"，然后愉快地接受冬哥做她的寸头剪刀手，结果被剃得有点惨不忍睹。

正式开拍，重新进入两人的世界。冬雨剩下的头发只有一点点，所以必须一次过。赤裸上身的小北小心地捧着陈念的头，沉默地一下一下，泪一行一行地流，却不想让面前的人察觉到丝毫。时间过得很慢，现场安静得只有电推子工作的嗡嗡声，导演一直没喊停，千玺就一直给冬哥剃下去，直到那颗小小的寸头一点点地展现在大家面前。

等小北正要对着镜子给自己剃时，突然一声清脆的爆响，镜子掉下来，碎成了几块。导演连忙问千玺"还好吗，有没有受伤"。由于现场没准备第二面镜子，而要临时借用化妆镜的话还需要拼回原本的框里，是个耗时的工程。此时已是凌晨 3 点半，弟弟三个小时后就要坐早班机飞回北京，开始五周年演唱会特训，导演决定收工。

大概是老天爷也觉得这场戏太耗人，让他早点回去休息。

于是大家提早收工后，没了压力的剧组正式拉开剃头仪式。组里和演员的三位发型师纷纷下场为大家修剪，尤其是先前惨遭某冬毒手的两位。然后是小子、鸡蛋，几乎全体导演组、A 萌姐，还有演员的团队也都加入。剃完大家一回头，相视一笑，互相摸一把对方的寸头，玩得不亦乐乎。导演边摸自己的头边感叹"好凉快啊"。我们几个逃过一劫的站在一旁看大家笑闹，楠楠说莫名想掉眼泪。

后来她说："很多年以后我都会记得这个晚上吧，在小北家门前，面前是漆黑的野草和阵阵蛙鸣，我们剃了头，咧嘴大笑，回到了十几岁，但下一秒又觉得自己老了。默默感叹，我是攒了多少运气才能跟这班前辈一起重回少年啊。"

是啊，我们既是成熟的大人，也是纯粹的少年。

大夜以后醒来的下午总是很恍惚。

越来越恍惚。

隔了一天，今天众人顶着各自的"卤蛋"头互相打招呼。冬哥猛然与导演的新发型迎面相见，互相摸一摸对方的"卤蛋"，然后在走廊上笑得直不起腰。

拍了些高考前后在教室悠悠闲闲的戏，就到了所有人上场当人肉碎纸机的时刻。

场务组提前一天就在四面环绕的教学楼的各层走廊堆放了回收来的书本，高个自豪地说，他收了好几吨。因为书不方便运送，于是彬哥贡献出了灯光组的黑布和绳子，每撕完一次，楼上的库存不够了，就用黑布把中庭的纸屑打包系在绳上，楼上的人用绳子拉上去，循环利用，原始而有趣；撕的时候看着那些教材书本，觉得真是廉价，用尽全力把它们扔出去的时候又觉得好畅快、好浪漫。

每次等着中庭副导"一、二、三！"一声令下，欢呼声混合着飞舞旋落的纸片把空荡荡的中庭变成了雪的世界。陈念站在中庭，仰望着所有人压抑后宣泄的狂欢，平静空洞，是全世界的浪漫和狂欢都与我无关的孤独。然而从楼上扔下的一片书页直接糊在冬哥脸上，导演没忍住突然爆笑，冬哥："真挺疼的，我谢谢你啊！"

不知谁起了头，开始喊着下雪了，这些年轻的孩子纷纷起哄，大声喊出自己的愿望、不满、玩笑、暗恋的人，开始折起纸飞机，比赛谁的飞得更高、更远。即使只是无内容的欢呼，也能感到自由的气息在空气中震荡。电影就是造梦啊，我们为陈念、为在场的年轻人、为所有曾经历过三年苦读的人造了一场雪白的梦。我不曾体验过。

对哦，我当年高考后回学校那天在干吗？仔细回想，像是从尘封的盒子里捞拣出来了回忆：原来当年没撕过书，是因为我自己组织了一场高三教材笔记的义卖。记得很成功地卖了四千多元，全部捐给了当年雅安芦山县地震时我们对接的受灾小学，算是做了点好事。

起鸡皮疙瘩了。拍这部戏这么多天，十七岁的自己，一次又一次猝不及防地出现，我才察觉，原来不知道什么时候已经把她忘记了啊，那个想要保护世界，然后就奋不顾身去做的少年。现在的我，真的没有辜负她吗？如果陈念真的考上了北大，五年后的她，会变得和现在的我一样，已经忘记了十七岁的自己，忘记了也想过要"保护世界"吗？不再是少年，也不是大人；算不上平庸，但依然很渺小。

这部戏之于我，似乎真的有某种命运的气味。

收工已是晚上，几吨重的书铺在中庭地面上成了厚厚的积雪。没了压力的大家全都像孩子一样冲到了中庭玩雪，彬哥捧起一把雪就往现场美术 Zoey 身上撒，Zoey 还击，追着他跑，像打雪仗。两个香港人笑得合不拢嘴，因为香港从来不会下雪啊，可是跟认真又有趣的朋友一起工作、一起玩纸屑，也一样尽兴快乐吧。如果，长成大人以后，发现自己保护不了世界，于是也享受这样的时刻，过上这样的生活……陈念，你能接受这样的自己吗？

希望有一天能在香港看见雪吧。

　　我们再次来到南开中学，还原高考当天考场的戏。今天不太顺利，又一次看到了平时笑眯眯的曾导皱眉和不安。

　　剧本里"陈念迅速而专注地答题，但握着笔的手却不受控制地颤动"，终极霸凌之后的种种情景、种种情绪，陈念这个角色演绎的难度，跟之前比又上了一个台阶，冬哥再次碰到难关。

　　第一条拍完，导演把冬哥拉到走廊一边："周冬雨，完全不行！你杀了人啊！""我想不出来……这个好难啊。"导演给她力量，想给她一点底气："对，这个是难，我们再一起试一试。"

　　第二条、第三条……"还是完全没感觉，一千个问题一直在你脑海里跑来跑去，而且你杀人的片段一直在脑海里闪现。"

　　"可是……我还没杀呢！"

　　"试一个眼神没焦点的……不是这样，你现在还是有焦点，可以再乱一点。"

　　…………

　　"你想一下，你最怕的事情是什么？"

　　"我怕啥呀，我也不知道……"

　　"你怕失去现在拥有的东西吗？你可以想象一下现在你必须坐在一个地方，外面有很多事来扰乱你，你没有解决的方法，可是坐也坐不下，跑也跑不出去……"

　　冬哥长长地叹气，到后来甚至眼眶泛红掉了眼泪，也不说话了，坐在导演面前低着头像个犯错的孩子。我们都不作声，副导也很明白地不催场。她一个人默默走去了走廊的尽头静静地待着。导演的引导、演员的消化，讲戏本身原来也可以有"戏"的魅力。表演是一个与对方、与角色、与自己沟通的过程。

　　回来后的她似乎用自己的方式慢慢抓住了情绪，又是一遍遍尝试，眼神失焦，无意识焦虑地扣着笔，呼吸不顺畅，状态终于出来了。又过了一关。

　　要赞美这场戏的美术组。似乎是因为沟通问题，昨晚对陈设的时候才发现导演想要的不是那样。于是大姚和陈设组连夜加班赶制，早上开拍前抢时间把东西送来，最终呈现出了完美的细节。考场指示、试卷袋、条形码、答题卡、笔袋、时钟、安检仪，连高考时门关不关、水要不要带进来、老师如何给学生的试卷贴条形码，全都研究过，力求还原真实。

更心疼这场戏的下雨组。这部戏里的雨，我不知道算不算有难度，总之很鸡毛——大雨、中雨、小雨、毛毛雨，前景、后景都要照顾到。今天是晴空万里，但戏里却是雨，于是灯光组在教学楼的顶上盖上了巨大的蝴蝶布来形成阴天的效果。可是，怎么控制雨，呈现在画面上导演都不太满意。负责下雨的是我们的阿冬，穿着雨衣站在高台上举着水枪的他就像《英雄本色》里拿着机关枪搏命的发哥，我们戏称他雨神。雨下完之后，他看起来好累。

路过某个空教室，看到之前不知道哪儿去了的老大又坐在角落的椅子上仰着脖子睡着了，惊觉他的头发看上去比最开始白了好多。

晚上这一场戏，应该能排进这部戏最喜欢的场景前三吧。

撕书是庆祝结束的狂欢，那么孔明灯就是憧憬未来的诚愿。

晚饭后，天要黑了，我们和陈念班的同学一起来到操场，因为道具来不及做，每个同学都加入了打氢气球的队伍。五颜六色的气球、薄如蝉翼的灯纸，有打太小飞不起来的，有打太大气球原地爆炸的，灯的四角收线系着一块燃蜡，留下一根长长的钓鱼线缠在石头上——在城市里放孔明灯有危险，所以不能放它们自由。同学们叽叽喳喳，都很兴奋，拍完这场戏，还有十天就要开学的他们就杀青了，剧组为他们保留了最浪漫的一夜。

大家手上都有了灯，就坐在夜空下的草地上，等导演组分给大家打火机和马克笔。我和楠楠还有一个小美女一组，一起在孔明灯上写上心愿。小美女写了"高考顺利"，楠楠写下"Film Forever（电影万岁）"，我写下喜欢的动画里的台词"ご健闘を祈る（祝你奋战到底）"。等小余姐和鸡蛋准备好，导演组一声"点火"，我们就小心翼翼地点燃白色引线，火焰缓缓升起，孔明灯一点点鼓胀起来，火光把身旁女孩的脸映得红红的，眼里有光摇曳；这时候，整个操场都星星点点地亮了起来，听到同学们尽情地呼喊——"高考加油！""一切顺利！""美少女万岁！""青春无悔！"大家完全忘记了镜头，忘记了身在戏中，咯咯地大声笑着。看孔明灯慢悠悠地飞起来了，摇摇晃晃，我们追着它跑，用手扶着，最后踮着脚举着，希望它飞得更平稳，向更高更远的地方去。它升空，带着我们的愿景，有一点点泪意。我相信，明年小美女的高考一定会顺利，热爱电影的楠楠将来一定会成为大放异彩的女导演，而我一定会在这部戏里奋战到底，整个生涯都奋战到底。

　　再次感叹重庆真是一个特别适合拍电影的城市，高低错落的建筑、道路，有密密麻麻的旧城区居民楼，也有赛博朋克霓虹闪烁的摩天大楼。

　　我们今晚去的是一个设计很科幻的旋转车库，拍陈念被魏莱三人党追捕的戏。就在一片看似很普通的居民楼里，一圈一圈地走，下面越来越黑，再配上彬哥用 SkyPanel（一种 LED 灯）搭配的不断变换的灯光，就像走进炼狱，让人隐隐觉得魔幻。

　　追逐戏从三人党追陈念下楼梯开始。为了达到导演满意的效果，姑娘们一遍遍地爬，来回跑，我在楼梯最上端接应，对讲机里传来导演的声音："三位已经是跑到最快了吗？"等刘然再上来的时候，嘴唇已经惨白，快瘫倒在地了。导演马上叫暂停，茶水 Grace 第一时间送来了巧克力和葡萄糖。稳定下来的姑娘有些不好意思，原来她一直在减肥，每天都吃得很少，导致了低血糖。明明又高又瘦，依然每天担心自己的身材，这就是演员啊。

　　接着进入旋转的车道。摄影师要一直 360 度跟拍演员，所以我们每个人都要撤到最"安全"的地带。又是一圈一圈地跑，我躲在一边，只听到"啪嗒啪嗒"层起错落的脚步声和"站住！给我站住！""别跑！跑什么啊！"的大叫，听得出其中急急的喘息。

　　到了车库最下面，也像到了炼狱之底。一堆破烂和一个大垃圾箱，陈念只能躲进去。高个搞来的大垃圾箱，做得脏脏旧旧，里面塞满了用垃圾袋包裹的碎布。还好没有真的搞剧本里的"腐烂的菜叶子、飞舞的苍蝇蚊虫"，不然超级洁癖的冬哥肯定转身就告辞不玩了。

　　"曾国祥，我做鬼都不会放过你！"穿着校服的冬哥恨恨地说。"砰"地一下钻进垃圾箱，导演笑眯眯，过来纠正她"你这声音这么大是生怕她们不知道吗"，又钻一遍。

　　不过今晚最敬业的，还是摄影师。除了要跟着旋转跑圈，还要一起蹲垃圾箱。拍陈念，小余姐要进；拍陈念从垃圾箱的小洞偷瞄三人党的主观镜头，小余姐也要进；甚至小余姐和鸡蛋两个人要一起进，两个人排排坐，手脚放不开，只能像幼儿园小朋友一样蹲着，也有种莫名的可爱。

　　说起来，小余姐好像瘦了。

　　洪崖洞作为重庆的地标，名副其实。位置、地形、交通、景观、建筑、人群、声音，一切的要素一起构成了这个空间，比昨天更魔幻，而魏莱的死就在这里发生。真的佩服外联川哥和吴主任能找到这么个地方。从停车场下去，开到 B2 的尽头下车，再一直向前走，就到了一段石梯的底部，左右两边都是高楼，楼梯向上延伸了有六七层高，看不到头。不远处江上酒吧的喊麦声隐隐传过来，只有这里是无人的幽寂。

　　拍摄的区域定在了楼梯从下往上的 1/3 到中间小平台这段之间。然而这里，厢车依维柯之类的大车都开不进来，器材运不进来，愁死了摄影组和灯光组。最后决定用金杯来倒器材，也只能运到楼梯底下，再让人扛三段楼梯生生地扛上去。其实，楼梯中间小平台左边就是小区的篮球场，然而进去的门上了锁。问了外联，说人家小区不让在这边停车和进出，只好算了。

　　我们下午就早早过来踩点排练，道具置景组的绿幕、软垫、木板、梯子基本都做好了，只等主角周也和视效组、动作组来。到这样不熟悉的外景，照例先确定停车位置、卫生间、梳化间、监视器空间、放饭位置，还有现场的演员休息室。巫妹已经去附近酒店开房，准备给排练完的周也休息，但现场的休息室还没着落。于是我又开始去敲附近人家的家门，敲到第三家，终于有人回应，出来一个看上去十几岁的小男孩，家里没有大人。一番花言巧语哄骗小弟弟让我进了家门，又给他妈妈打电话，再一番巧舌如簧地让大人答应了我们，借客厅给我们休息到晚上。感觉现在的我也不简单了。

　　搞完这些去酒店找巫妹，想休息一下。将近五点，刚躺下没几分钟就收到阿冬的消息说"快回来，有任务"，顿时惊起。他说："赶紧去找平台边上那个小区，我们要进去停车，看要多少钱。"

　　哥啊，外联大哥都搞不定的事，为什么会觉得我一个弱女子能搞定呢？这么信任我的吗？

　　"没有什么是钱不能搞定的。"

　　好吧。于是带着这个信念跳上了车，找小区大门，过门口保安这关，确认现场位置，从铁丝网里接到阿冬给的审批文件，冲去找物业办公室，找到负责的中年男子，又开始一番花言巧语、巧舌如簧，从"不可能"到"肯定是要收钱"再到"哎呀，你早点把文件拿出来就好说了嘛"，终于赶在他们六点下班前谈妥了价格。立马通知所有没出发、已出发的器材车辆全部改停车位置，不用再爬楼梯扛器材，大哥们纷纷欢呼。又跑到小区门口接应，既要招呼抬起降杆，又要请保安开锁上的小门，送了他两箱赞助可乐，让原本卸完器材就要锁上的门，帮我们开一晚上。因为消息确定得晚，灯光组大部分器材都已经靠人工扛上来，彬哥生了气，我跑过去和阿冬一起跟他解释，向他道歉；房车来了给发电机找电源拉线，再找到合适的位置，不能扰民，最后跟物业解释房车用不了多少电，不会跳闸，才准许我们拉线。等忙完这一切，天已经黑了，饭还没吃上，整个人还是绷着弦有点蒙的状态，现场已经要开拍。

同样才忙完的阿冬走过来说："今天外联当得不错哦。"听到这句话，一直提着的那口气终于泄了。回过神来，有点鼻酸，但是真高兴啊。虽然只是一件很小的事，但原来我也变得可以独当一面了。纵使现在的日子就是时时刻刻与这些俗务缠斗，但只要能解决一个问题，原来我也是享受的。

当我终于闲下来的时候，就是周也开始受罪的时候了。老大还备了一辆车，查好了最近的医院，说是这种戏份要随时做好这样的准备，搞得我又紧张起来。

魏莱摔下楼梯分成两个部分，先是陈念推她那一瞬间，然后是她滚下楼梯撞到石头死亡的特写，其间不露脸，全程真实滚楼梯的演绎就由动作组的替身姐姐来完成。不管是哪个，都是相当技术性的活。要穿好各种护具，系紧带活扣的登山绳，有技巧地摔倒，有技巧地稳住，再顺力摔下去。下午已经排练到浑身酸痛的周也，正式开拍继续摔。特别是死亡特写，虽然有动作指导借力，但每一次仍然要靠自己的力量翻滚楼梯。她有一次滚到了防护外的地方，所有人都吓到，赶紧上前，但她爬起来还是甜甜笑着说没事。这部戏里的每个人都好强。

等她可以短暂休息一下，我们赶紧带她去下午聊好的人家去吹着空调躺着，聊聊天，开开玩笑，问要不要帮她做点化瘀按摩，哪怕一点，也希望给演员多一些安全感。

此时已经深夜，这家的妈妈也回来了，敞开客厅，虚掩着卧室门，她没有收我的钱，于是无以为报的我送上了两碗何姐的美味夜宵，怀着感恩的心继续在沙发上葛优躺。

拍完动作戏，转到阶梯的临江段拍魏莱请求陈念原谅的文戏。这场内心转变巨大，又和寸头冬哥对手的戏非常考验周也。试了很多遍，不停上下楼梯，导演帮她找感觉，不断给她夸奖和鼓励。

突然又是暴雨。

拯救器材、拯救服装、拯救包包，然后才是自己。楼梯上没有遮掩，大家各自逃窜。我躲进连接楼梯和小区的小屋，然后被不断塞进来的器材淹没，卡在那里一动不动地等。其实大家都被淋透了，可是没人在意，好像剧组真的有魔力，只要在一起，经历什么状况都不算什么。导演他们躲在桥底下，雨中的长江水有别样的美。最后导演再次向重庆的天气投降，湿阶梯接不了戏，我们穿上不顶用的雨衣，在狂风暴雨中收工了。

　　醒过来又是下午，不想起床。

　　这几天的戏都好艰难，不只是我，感觉整个剧组都绷紧了，终于迎来休息日。

　　躺在床上决定听一首歌，NHK 给 2020 奥运会制作的应援曲。这可能是我这几天做的最正确的决定，听得我开心到想哭。

　　开心的时候真觉得一切刚刚好。在日子到了最难过，又开始隐隐约约舍不得的时候，刚刚好遇到这首歌。那歌声里干净的温柔、希望与力量，刚刚好能抚慰又萎靡又怨愤并开始暴饮暴食的人，让她开心得足以一鼓作气、兴高采烈、刚刚好地干到结局。

　　决定从今天开始记下每天至少一件感到幸福的事。多小都可以，要自己给自己力量。

　　那今天感到幸福的事就是，听到了治愈的歌，也认真休息了！

　　上午第一场戏，因为某大人物路过没拍成，直接去了另一条街道，拍高考那天大雨导致泥石流滑坡堵塞交通，这场的主角又是下雨组。

　　我又偷懒了。吴主任让我紧急写一份拍摄申请，于是在大家忙着挖土下雨的时候躲在了车里。窗边就是下雨组拉着水管忙碌的身影，导演组一喊"下雨——"，哗啦啦水就全喷到车窗上。水滴流完，继续下一条，场务阿林举着水管就站在窗边，隔着湿漉漉的玻璃看到他因为用力而紧咬的牙关、偾张的肌肉、晒得黑白分明的胳膊，剧组里真正的"搬砖工"、平均年龄最小的场务组男孩子们，原来也这么有魅力。

　　我正写着，大群里突然跳出一串语音消息。点开竟然是生气的争执声，却只是因为搬土坷垃之类的小事。看来拍摄到了后期，大人们也不想再装笑脸，忍不住做了撕破脸皮的小孩子。吃瓜群众的我反倒微微笑，觉得这样才爽（我们的大家长、和事佬

Jojo 知道我这么想肯定要打人）。其实谁都知道组里并非一团
和气，分裂、争执、怀疑、怨愤甚至想放弃，这么多天了，没这
样的情绪才奇怪。老司机小勇一早就告诉过我："这个组已经算
很好的了，至少和每个人都可以说上话。"我不太明白，但我就
是喜欢大家。每个部门、每个人都有自己的苦，有自己"卑劣"
的一面，也有可爱有趣之处，但不管是谁，再怎么苦都不会撂挑
子不干，撕破脸皮也要把活干完，这就是大人，这也是少年。

下午转场慈母堂。老杨、郑易、王立，到了考验非常用功的
尹昉功课如何的时刻。

郑易和王立审讯陈念，郑易坚信陈念与魏莱案件无关，王立
则认为其中不对劲，二人因此大声争执起来。这段戏，导演说要
他们死死盯着对方，互不相让："尹昉，你不要看黄觉，你一看
别的方向我就会觉得你输了。"

拍郑易特写，数条皆不过，试了最后一条，导演喊了"过"
之后，尹昉心虚地溜进监视器旁边："导演，是不是还是不好？"
尹老师有点孩子气又很努力的样子，也很可爱。

最后一场在警察局办公室。开拍前，道具盒饭送上桌，导演
要演员们先吃起来。别人还在研究的时候，黄觉老师已经不客气
地大口开吃了。导演还让他们想些碎词，又是黄觉一下子就有了
主意，提议"比如孕妇（指的是王立）在那儿咔咔吃辣，我就说
你怎么能吃这么多辣"，觉宝真是个小机灵鬼。

这场戏一开始拍的时候演员身后的门是关着的，小余姐问是
否可以打开，画面看起来有点闷。黄铮老师连忙阻止："外面的
青蛙声音很大。"彬哥接话："青蛙我们又不是没抓过，小北家
常抓。"说完大家心照不宣地笑了起来。

大家多可爱呀。

再比如，今天感到幸福的事，是在观景台上放完饭后那一小
段闲适的时间，看到了很安宁的风景：

傍晚，这是一天里最舒展的一刻。天色暗下去，灯火亮起来，
夜风吹过，陌生的人们吃饱喝足，看着共同的风景，聊着无意义
的话题，消去了一切紧张的关系，就像一家人。

白天依然在警察局。

中午为没吃午饭直接开拍的小余姐准备午饭。从重新进组那天起她就开始吃素了，现在瘦了好多。吃完，她点了支烟，和我们放空地聊起来，说："昨天梦见 Ellen 了，这么多天来第一次梦到她，她就站在那里，也没有笑。"说的时候她没有在看谁，那脸上的神色，就像那天的背影一样，对我来说，是会留在尚未经历太多的年轻生命里需要去消化的感情。

晚上又去洪崖洞，补魏莱摔死那场。

一切重来一遍，又当了一次外联的我有点云淡风轻。

能做到云淡风轻就是幸福。

　　啊，明天去南开中学拍高考考场外的大场面，群演 800 人，最多的一次，要拦车，要下大雨，要 4 点出，半夜收，等于要死了。

　　所以最近老休息，休息的时间都拿来解决还没解决的问题。

　　睡醒就一起去主创酒店开会。开到一半在学校看景的阿迷发来图片说，那条要拍的路上的大门被拆了。

　　想骂脏话，明天要拍了，今天又出这种情况，搞什么。

　　开完会跑去学校协调，强行把门给重新安上。

　　明天弟弟还要回来。听说现场一片红海。

　　希望一切顺利吧。

　　对了，开会开到饿的时候和大家一起吃了超级美味的蒸鸡外卖，这就是今天最幸福的事。

天公不作美，又是大晴天。

早上 6 点开拍，大家凌晨 4 点起床，不到 5 点出发，天还没亮。

我去机场接弟弟，机场要客服务又搞出乌龙，弄得大家不开心。也是我的错。

弟弟昨晚结束演唱会，早上 7 点班机出发，落地直接来现场，"嘘，让他多睡睡"。

到了现场，群演里很多粉丝，还有掏手机的，我原地爆炸。不过托弟弟的福，又得以偷懒。小北的戏拍完，弟弟可以休息一下，我也跟着，结果一休息就休息了大半天，因为几百人进出考场的雨戏实在拍得太惨烈。冬哥、群演、下雨组、所有场务、导演组、摄影组、录音组都在大雨里泡了半天。学生们的雨伞早就没了用，头发、肩膀、鞋子、手里的教材全湿了，还要一遍遍大喊："有没有信心——""有！"在高台上下雨的阿冬自不必说，需要指挥现场的典哥一句句"开始——"，嗓子已经哑了，小余姐、鸡蛋端着摄影机也上了高台，场务们在下面推，拍到六七点，天光渐退，同学们没了力气，时间也快没了，老大、导演和监制都一起上来推梯子，谁也没在乎大雨，狼狈至极却有一种众志成城的悲壮感。就如同所拍摄的这一刻，高考就在前方，决定命运的一刻就要到来。

我坐在无风无雨的走廊里，守着弟弟，看着大家努力，和摔楼梯那次、和这部戏里许多时刻一样，旁观着大家奋斗的姿态，那是最耀眼的姿态。如果此刻冲进雨里，我知道我也会快乐的，只是太累了。

晚上转场小北家，补拍小北给陈念剃头的特写。导演在耳边给他讲戏，听不见只言片语，最后留给他独处的空间。昏昏沉沉的光下，他独自翻着手机，看了很久。开机后，这是一个比之前更浓烈的少年，痛、心疼、不忍、挣扎、淌泪，颤抖的嘴唇和下巴，是为了屏住呼吸不让眼前心爱的女孩知晓。导演本该喊停了，却静静等待他演完，直到情绪缓下来。

补之前镜子碎了没拍成的剃头，这次是真的要变寸头了。他皱着眉头，紧盯镜中，一身凌厉，亲手把自己剃光。结果端详镜子时，没绷住，对镜子里的自己偷笑起来。导演笑着喊停，小余姐夸"帅的"，监制也跟着夸"超帅的"，两个人一来一往弄得弟弟又害羞了。

至此，陈念、小北终于寸头合体，此时该是一张悲伤自拍：小北打开摄像头，靠近陈念，陈念看着画面里的自己，又回看了小北，二人视线相碰，轻轻微笑——结果两人一互看就笑场，谁看谁都绷不住。等终于看对眼，绷住了，今天的苦与乐也到了头。

寸头大家庭有了小北才算完整。凌晨 1 点，十几个人在小北家门口排排坐，阿伦"咔嚓"按下快门。

看着一个个寸头和笑容，坏心情一扫而光，这就是今天的幸福，特别幸福。

我今天早上竟然睡过了，没接到人，还好他熟门熟路地自己去了梳化间……

不知道是不是身体也意识到这段日子要结束了，变得越来越睡不醒。

今天去大家都非常喜欢的一个场景，拍大家都很期待的一场戏——高考结束，小北拐走陈念，引警察去抓他，两人生离死别，第一个真正的也是诀别的吻。

这是一个隐藏在一片老居民区的废弃剧院，很高、很空，有两层，地上都是积满灰尘的隔音泡沫板，破损的屋顶流泻下几缕光束，墙边钻出几丛青青杂草，浮尘在空气中游荡。

这场戏很难。千玺一开始达不到导演想要的感觉："这段话有不同的层次，一开始你要说服她，语气要急，说到后面就越来越走心，现在是生死一刻了，要凶一点，要爆发出来。千玺，你现在台词不顺，不顺的话你就会卡壳，戏感就没了。"头顶上有一道浮游光束，少年坐在一片废墟之中，仰头闭上眼睛去感受导演的话，嘴里默默顺着自己的对白。那是一个离他很远的世界，当他不是千玺，而是小北的时候，他必须努力去感受这一刻。

突然，千玺偏过头问导演："我需要歇斯底里吗？"

"我不想逼你，如果你觉得那样的方式不舒服……"

"所以这样的方式是可以的吗？"

"当然可以，现在情况已经逼到了极致，你的情绪怎样爆发都不会觉得夸张。"

导演停顿了一下："如果你觉得能帮你入戏的话，开拍前你先哭，哭了我们再开拍。"

当一个真正爆发的小北出现在画面里，我们都知道他做到了。

不过这只是第一道难关，接下来撕衣、接吻，一个比一个难。实拍第一条，千玺暴力撕扯衣服失败，第二次真的下了狠劲，衣领都扯变形了，然后两个人就停住了。小余姐小声提醒，"亲她"，冬哥和弟弟面面相觑，绷不住了笑场。

赶鸭子上架，再难也要上啊。"临别之前的这个吻，我希望看到你们的表情是舍不得，当然……"导演继续说，"边哭边心动地接吻是我最想看到的。"弟弟小心发问："嘴碰嘴就可以吗？"导演回复："对，不用舌头。但是给镜头的感觉，是用力地亲下去。"我目不转睛地看，正到了关键时刻，结果外面不知道哪里来的很大的讲话声，被阿冬叫出去，让我跟旁边小饭馆几位光着膀子喝酒吹牛皮的大叔交涉……我好气啊。大叔们喝高了，说"好好好，我们全力配合"，然后又抓住我大声讲："你不知道！这个剧院就是我当年建的……"我全程"嘘，嘘，我知道我知道，我们小声点聊"，然而大叔沉浸在自己的世界里并不理我，心好累。

没事，错过了今天的精华，等以后去电影院看最完美的那条，自我安慰一下。

今天中午趁放饭时间，阿伦给千玺和冬雨拍了可能以后海报会用到的剧照，两个人坐在二楼窗户边，踮着脚看外面，光和雨一起落下来，少年们脸上带伤，但笑得明媚。

我想起早上刚到现场，里面在布置，我们陪弟弟和冬哥坐在大门口的台阶上休息。我们坐一边，弟弟坐一边。大家谈论起为什么他总是不说话，冬哥玩心大发，剪刀石头布，谁输了就坐到他旁边去问，结果是小可爱输了。作为粉丝的她被冬哥逼得一屁股坐过去，两人干瞪眼，不明情况的弟弟只能露出友善而不失礼貌的微笑。

这个地方对他来说一定很舒服吧，全是老年人，没人认识他。我们都放下了戒备，收起黑伞，任他走动。不是小北，而是作为自己的他，终于也可以自由地走在阳光下。

承接昨天的戏，继续警察局，我们都爱这里，这里的时光总是安全又清闲。

再次开拍前，导演要工作人员整理冬哥身上披着的毯子，冬哥一听就猛地扯开身上的毯子，低头瞅瞅自己被小北撕碎的衣服："我性感吗？"

导演心累："（这个景别）什么都看不到。"

明天的最终审讯过了，应该就没什么大苦还要受、没什么能难倒冬哥的了。

现在是尹昉的奋战。

今天是他生日，我们早就准备好了蛋糕，希望吃了蛋糕能给他加点能量，每条都速速过。我和巫妹各种打配合，趁他拍摄赶来布置休息室，小心摆好蛋糕，插上"32"的蜡烛，巫妹去盯着他，等他这场拍完对讲通知我，我赶紧点蜡烛关灯，给他一个惊喜，完美。然而万万没想到，我正在摆餐盘，巫妹还没过去，刚拍完一个镜头，门突然打开，踏进来半只脚，这场戏的主角和我们对上了眼，彼此一脸蒙。他先反应过来，大叫一声："啊！对不起！我什么都没看见！"转身关门落荒而逃，剩我们两个还定在原地。场面超好笑的，这个男人太可爱了吧。

等这场戏拍完，尹昉被 Jojo 推着到房间门口，一切准备就绪，黄觉老师一进入房间就唱起了生日歌，大家也跟着合唱起来，尹昉非常配合地、夸张地张大嘴巴"哇！"，仿佛刚刚无事发生过。

想一想，那一幕真的太可爱了，是最近几天最开心的一幕。啊对，这就是我今天感到幸福的事了！

今天得知消息，弟弟后天要出国，然而江北机场国际航班并不提供要客服务，唉，不知道怎么搞，明天再搞好了。

　　今天最终审讯。昨晚对通告说，这场导演、Jojo、编剧、导演组、摄影组连续拍不放饭，于是早上被派去买赛百味给不放饭的部门吃。又是火急火燎地跑了两个地方才买齐赶上山，弟弟已经开拍，看现场没什么需要我的地方，于是把跟弟弟的任务托付给巫妹，我下楼给机场打电话。

　　然而江北机场国际航班不提供要客服务，也没有别的处理方案，打了十几个电话也没结果，算我服。好吧，下午机场走一遭，没有路就踏出一条路来。

　　带着一切可能用到的文件和自己胡写的申请回酒店盖了公章赶去机场了。祝我好运。

　　回来了，心好累。

　　然而这场戏拍得比我的心还累。

　　这是整部戏张力最强的一场戏，两个少年对抗整个世界，最痛、最硬、最残忍，也最坚强，没有什么力量可以击垮他们。

　　郑易对小北、王立对陈念，郑易拉陈念到小北面前三人对峙，排列组合，每个人的戏，都要一点点磨。

　　譬如，郑易给小北看陈念被霸凌的视频。一开始，千玺咬牙，眼睛有泪，尹昉看了都说"太心疼了"，导演让他"松一点，痛感不要太明显"。这一整场，小北是嫌疑人，全程手脚被铐在审讯椅上，密闭的审讯室内没有空调，像个蒸笼，每次千玺出来，立马脱下厚牛仔外套，活动手腕、脚腕。

　　譬如，陈念对王立，导演希望呈现"痛且坚定"的状态。冬哥一开始领会错了，全程带着攻击性，编剧说这样让人根本没办法和陈念共情，一旁的Jojo看冬哥找不到感觉也来帮忙，告诉她"其实脆弱和坚定是你的强项"。

　　譬如，当审讯进入"瓶颈"阶段，郑易爆发，他冲到对面审讯室把陈念拉到小北面前，两个人嘴上说着"我根本不认识这个人"，对上的眼神里却满是"爱与痴缠"。剧本读到这里的时候心脏被狠狠击中，心里想，这可怎么演得出来啊。但现在我知道，他们做到了，我们做到了。

　　终于完成了。

　　最后还剩一场，陈念妈赶来警局，看到了陈念这副样子，抱着她痛哭起来。

据说吴越老师昨天从另一个剧组大半夜匆匆赶来，没休息多久，到的时候现场还在拍审讯戏。所以这场通告上连续八个半小时的戏，实际上连续拍了十二个小时。

今天幸福的事啊……完成了这场戏已经很幸福了。机场的事算是有了结果吧，明天早上还要跑一趟。

一大早再去机场确认晚上送机的细节。

到了现场，已经开拍了。

看守所，陈念自首后去探监，郑易一个眼神，小北懂了，他离开，把空间留给两个少年。尘埃落定的两个人，隔着玻璃，一言未发，笑中带泪，面孔交叠。

在此之前，有一个小北在监舍想起陈念微笑的特写。听说导演对弟弟的微笑一直不太满意，他强调"笑容夸张一点"，后来索性想了个说法给他灵感，"你这样想象，小王子终于保护到他的玫瑰花了"——话音刚落，千玺忍不住微笑起来，导演一看就说："对对对，这样笑就对了。"

这句话，听得让人起鸡皮疙瘩啊，我们的导演实在太懂了。

接下来就是两人对视的重场戏。

拍这场戏时刚开始弟弟找不到感觉，一个人独自去了楼顶天台放风，Jojo后来跟上去，他们从天台下来之后，果然状态不同了。好想知道发生了什么神秘的事。

实拍的时候，冬雨情绪一上来，很容易就感染到了玻璃另一侧的千玺。好的演员对戏，是会互相带动的。导演在他俩哭得起劲的时候下指令"笑"，冬雨一下子就挤出了笑容，同时还摆了个嘴型，仔细一看竟然是"傻子"，对面哭得一塌糊涂的弟弟看懂了，瞬间被惹笑了。我哭了。

晚上，转场上次没拍成的长江大桥下那片荒地，大半夜拍埋尸。这次周也亲自上场扮尸体，血浆、泥巴、黑灰全往脸上、身上糊，然后躺在地上，北哥就站在一边挖坑。导演看了一条"嫌弃"弟弟，让典典教他挖坑的正确姿势。

我提前转场今天的最后一个景，到大韩民国临时政府旧址陈列馆门口去踩点，满脑子都是晚上送机的事。于是今晚最后的记忆就是，带演员、打印文件、跑在大街上找给弟弟洗澡的酒店、掐时间、跟机场警察叔叔确认再确认，全程奔波，一片昏暗，一片混乱。

到了机场，一路顺利，终于送走了弟弟。平安送走弟弟就是今天幸福的事。

回酒店已经凌晨3点。

昨天半夜一个人干完一场仗。

回想一下，这两天跑遍了机场的各种部门，要客服务、市场部、旅客中心、机场公安、边检海关、治安队……我都不知道机场有这么多部门，也没想到原来自己可以做到这个地步。

事在人为啊，事在人为！！！

已经做得可以了，安慰下自己。

仔细想想，还是在全世界奔波的他比较累。

只能说机场要客服务太"菜"了，感谢警察叔叔。

晚上聚餐，这次大家居然照顾我，吃了白锅。

苦日子就快到头，看来大家也开始养生。

但白锅真的寡淡无味。

快结束吧。

又是慈母堂的一天。

今天周也和黄觉杀青。

原来 8 月都过完了，是真的快结束了。

杀青的小花花，照例由巫妹精心准备，她很会做这个，看起来也做得很开心。

晚上黄觉老师拿了花花就走，衣服都忘记换了，我冲过去拿衣服，结果看到他坐在车里，上衣裤子已经脱起来，瞬间原地转身。其实这一幕在梳化间看了很多遍，但还是不好意思。觉宝真是个神奇的男子。

换好衣服临走时，楠楠在门口给他拜拜比心，他说："对了，留个暗号吧，以后去北京来我的酒吧找我，请大家喝酒。"想了想又说，"暗号就叫老杨！"然后风驰电掣地离开了。

北京啊……都忘记了家还在北京。等回了北京，我们还会记得这里的故事吗？

9 月了。

朋友圈里的同学们，都在讨论开学和选课的事。忽然觉得离那个世界好遥远。

拍摄接近尾声的时候，每天都要转场好多次。彬哥说都是这样的，最后就要把零散的缺的镜头补齐，否则回来补拍会超级麻烦。

先去车戏大本营，拍冬哥坐公交车去高考，他们上了路，感觉很欢乐；我们留在大本营的，去奶茶店买了果汁，时间不多，要高效偷懒。

转场面店，就在工作人员酒店旁边，我们经常去吃那里的小面。又是外景路口，又是雨戏，又是难以控制的群演、群众和混乱的现场，但也不再惊慌。

转场文眉店，也在酒店附近，徐渺的结局。为自己曾经被魏莱拔掉的眉毛文上了最好看的样子，走出来的她，是大步向前的背影，细碎的阳光洒落，女孩消失在人群中。

天色渐暗，转场某路边摊，罗婷的结局，还是在酒店背后那片喧闹的街区，这片市井街区除了奢侈的生活什么都有。上一场罗婷父出现，是来学校求情、打骂她，这一次出现，是对外界表现得凶狠的女孩背着拖着醉酒的父亲回家。没数过这样一个小女孩背负一个大男人多少次，刘然体力不支地走到监视器旁等待导演的肯定，导演笑，"最后一场，没这么容易让你过关"。

刘然、歆怡杀青。

最后转到某条小巷，癫子被抓，女朋友不知所措，又是大雨。饰演癫子的小郜需要从一个烧烤店里拐出来，不停地被淋湿，再吹干衣服、头发，再被淋湿。我坐进店里把风，又买了烧烤当场地费，看他一遍遍干着出去，湿着回来。

大家回学校补拍广告。

弟弟 3 号从雅加达回来，还是国际联程转机，所以又去了机场，继续干一个人的仗，干。

今天拍高考前后在陈念家很多零碎的戏。

最重的那场是郑易用小北被判了死刑试探陈念，陈念崩溃。

果然，冬哥又崩溃了。据她本人感受，这是她身体最虚的一天，却要完成这么重的情绪戏，她觉得"我无法胜任这场戏，觉得很莫名其妙"。于是在尝试了各种表演，比如夸张的趔趄、TVB 般的头疼、突然肚子疼般地蹲下等之后，经过导演不懈地调教，剧情终于推进到陈念突然爆发的疯狂踢打。她对着郑易箍住自己的手臂狠狠咬下去，然后终于发泄般地大哭了出来。

终于瘫倒了、咬完了、大哭崩溃了，尹昉的手臂也肿了。

那哭声，和手臂上的牙印一样，令人印象深刻。

贴心的巫妹做了简易的冰敷袋给尹昉敷上，虽然男人嘴上说没事，冰敷上的时候还是倒吸一口凉气。

事后，听到尹昉问冬雨："这部戏里，你的哭戏比没有哭戏的部分还多。"

令人苦涩的一句，回想起来也令人惊艳。

吴越老师的最后两场戏。

高考放分，从焦虑到狂喜，情绪的爆发难倒了吴越老师。试了很多条，导演选了前面的一条；吴越老师有点懊恼，觉得自己后面把冬雨也带得不好了，情绪低落，"我努力过，但我失败了"。真可爱。

想起当年查分那个晚上，妈妈到底是什么反应呢，完全记不起来了，但应该是像她平时一样，或者比平时更夸张，笑得超开心的样子吧。

最后一场戏转场到小旅馆，拍摄陈念妈妈给陈念打电话的内容。

旅馆很神奇。

最便宜的一个床位，只要十五元钱就可以睡一晚。

逼仄的楼梯、逼仄的走廊。没有空调，只有吊扇。一个房间十几个床位，比军训还挤。

真的还有许多人在这样地生活着。

在这里，我们最喜爱、最期待的阿智上场了，演一个敷面膜的小姐姐，趴在床头拍脸，晃动着小腿和脚趾的样子，非常入戏，相当自得，引起大家一片叫好。

　　这场戏很顺利。关于这场的感觉，吴越老师和导演不约而同地想到"应该明亮一点"，导演点头补充，"对，陈念那边悲伤，你这里就明亮"，三条就过。

　　收工，献上花束，吴越杀青。

再次来到长江大桥下那片荒地，这次是中午，重庆高温接近40摄氏度，拍挖掘机挖出尸体和小北指认现场。因为土堆得不行，现场重挖，又看到了老大自己下去在大太阳下拿着铲子挖土的样子，而我还是站在上面没下去。

再次对饰演魏莱尸体的胖姑娘表示敬意，在暴晒、大雨中被埋在土里靠管子呼吸一整场，很难想象，所有人都敬佩。结束后，我们为她搭起了临时帐篷用来简单清洗，在一旁帮忙稳帐篷、递水、递毛巾，清楚地看到混着泥沙的污水从帐篷中流出来。

小北家。

当初 Jojo 选择这里的重要原因，就是它有个无人问津不被打扰的小天台，抬头就可以看到星星。今天就拍这一场。

陈念和小北坐在屋顶上，终极霸凌后的陈念看着头顶夜空。重庆的夜晚还是热闹着，天上都是城市的红光，看不见星星。

男孩问："那你想怎样？"

"读书、考试、上好学校，想变成最聪明的人，找到答案，如果可以的话……"

他转过头注视她。

"保护世界。"

导演给千玺讲戏，他说，这是一个刚刚受到世界粗暴对待的女孩，但是还能说出这样的话，陈念的世界比小北想象到的还要宽，这一刻小北内心是敬佩她的。

所以小北回答："那说好了，你保护世界，我保护你。"

我又哭了。我没当过陈念，我的保护世界太轻巧了，她是比我强大百倍的人。

从天台下来，继续一场情绪戏。一到这种情绪戏，冬哥就犯难，于是又是她和导演的互动时间。她让导演"给我讲点狠事"，导演无奈，努力搜刮自己人生里的惨事给冬雨贡献灵感。好惨。

有一个很喜欢的镜头。陈念和小北半边脸交叠，一方平视前方，一方紧紧锁定，呼吸缠绕，像一个密闭的宇宙，只有彼此慰藉。陈念低头喃喃："小北，我输了。"小北同样痛苦，却告诉她："你相信自己再也没法做好人了，那才是真输了。"

是啊，不管是他们的世界还是我们的世界，想做个好人，真的好难。

　　最后一场戏，小北清理掉家里所有陈念的痕迹。开拍前，小余姐突然指着沙发上一只小灰象，问要扔吗。导演惊了："我怎么从来没看过它？"小余姐答："它一直在的，刚才冬雨睡觉的时候也在。"后来真相大白，原来是阿智放进去的陪了自己好多年的玩偶。

　　其实美术组不常来现场，但今天阿智和大姚都到小北家来了，喝得有点上头。我在洞口坐着，两个人坐在我前面看着大家在小北家门口忙碌，一句一句地聊天，聊着聊着就听见哽咽声。想到他们这段时间的艰辛，糊糊姐到后来都不说话了，这几天听到她说的总是，"快了快了，马上就到大家不用再彼此仇恨的时候了"。我也不敢细问，只能挽住她瘦长的手臂摇一摇。想一想，他们是在这里待了最久，翻遍整个重庆的人。尤其是小北家，是阿智在电脑里一点点画出来的，所以才会摆上自己心爱的玩偶吧。

收工的时候，弟弟在房车上卸妆换衣服，小子陪着阿智抱着小灰象走了过来。听说是弟弟想要，阿智舍不得，但因为是弟弟想要，就忍痛割爱了。喝醉的她借着酒劲壮胆，让小子带她，又开心又伤心地亲手把玩偶托付到了弟弟手上，"小灰陪了我十年了，你要好好对待它……"结果弟弟看到她又哭又笑的样子，又不敢要了。

这样起起伏伏的细节里仿佛就藏着生活的样子。总是有笑有泪，又悲又喜。

今天是原定杀青的日子。

有种不真实感。

拍了许多蒙太奇的段落，继续转场的日子。

某个地下人行通道的哭戏，冬哥跟导演反复确认，"我已经哭两个月了，这是我最后一场哭戏了吧，你跟我说，我再决定用多少力"。得到导演肯定的答复，她开心地准备大哭一场。于是，陈念独自在地下通道里缓缓穿行，蹲下身捂住嘴，脸皱成一团，全身都在颤抖，气都喘不上来，号啕大哭。镜头逐渐拉远，人影都变成了小小的一点，哭声却还是那么大。

一条过，大家齐齐鼓掌。

小北和陈念在路边吃烧烤。冬哥表示"我吃不下怎么办，我不吃行吗"，弟弟吃了一口评价"真难吃"。实拍，两个人都一口一口地吃下去了。而我们或躲在围布后控制路人，或散落在现场台阶的边边角角，都找到了自己舒服的位置。

小北和陈念一起买水果。他们随意地挑选，灯泡下的水果充满生机。

三场车戏，小北继续载着陈念穿行于城市夜色中，夜晚的我们呆呆等待，拍下了这张照片。

天亮收工。

今天突然降温了，重庆下起了小雨，让人措手不及，还好巫妹借了长袖给我顶一顶。

拍了一天的追逐戏，高考后小北拐走陈念的那段路程。

阿迷和小勇的表弟明扬特别出演跟踪警察，两个人换装之后都是别样的帅气，演得也好好。

重庆也是充满了巷子的城市。陈念家楼下的小巷、某闹市筒子楼间的狭窄通道、一个距离市区车程一个小时的破旧麻将馆，那里的房子都是瓦房、石头路、木窗格的门、窄窄的街道。好像还活在 20 世纪。

今天陈导来探班了，不知道祥哥会不会有压力。下午要转场回车戏大本营，小子说陈导要请大家吃李子坝梁山鸡，于是没有任务在身的巫妹又被派去跑腿，买了五千元的鸡，从晚高峰的解放碑开回来，辛苦巫妹。

鸡好好吃！

在大本营拍摄的车戏，是原地拍的。场务们有节奏地推动着戏用车，营造出驾驶时的晃动感；彬哥站在高台上手动摇灯，打出车子白天穿梭在阳光下的效果。原来还有这种操作。

故事结尾了，两人穿着囚服，明明分别坐在不同的囚车上，却像是面对面聊天。导演跟冬雨强调是一种"郊游感"，"类似两个人玩了一天，在车上要回家的状态"，却还要带一点痛的感觉。

陈念先开口。

"我现在觉得好轻松，就像期末考试，最后一门终于考完了的感觉。"

"你们老师押题押中了吗？"

"中了。"

"什么题啊？"

"《给 2035 年的一封信》。"——这是今年高考全国一卷的语文作文题，千玺写过的那篇。

两人都静了一瞬，随后小北打破沉默。

"你怕吗？"

"以前怕，现在……还是有一点点怕。你呢？"

“以前有一点点，但我现在不怕了。”

“如果再来一回，你还会这么做吗？”

安静的瞬间，光照亮了男孩坚定的眼睛。

“没有如果。而且，我不希望有这样的如果。”

这个对话，这个结局，还有“郊游感”……不知道要怎么形容。

大概是那句吧：

“This used to be our playground.”

纵使已经失去乐园，但现在的我们，变得更坚强了。

　　小巷在立交桥下的荒地上，没了小北，癞子和大康打架也落了下风。

　　大康被抓，他家在陈念上下学那条白象居长楼梯的居民区里，上一次来这里，好像已经是很久以前的事了。

　　小卖铺就在网吧附近不远处，小北买烟的时候看到了魏莱尸体被发现的新闻，外面下着大雨。下雨组沿着小卖铺的胶帘贴上水管，水漫进了人家店里，打湿了门口的口香糖盒，我只好全部买回来。

　　轻轨铜元局站 1 号门出口。天桥在地上，要坐两次特别长的扶梯才能到；立交桥建在高空，装上了五彩的景观灯，绕成一个环形，小北就要在这五彩的黑夜里假装强奸一名少女。这场拍得非常欢乐，两位副导为了给演员形象地说明，当场做起示范，一个大男人把另一个压在地上，场面超好笑。离开这里的时候，看到一个女孩坐在轻轨站出口，一个人在哭，很想上去安慰。

　　接近凌晨时分，又来到鹅岭峰，拍今天最后一场，也是饰演大康的小赵最后一场戏。千玺和他都未成年，两人都没驾照，但今晚的车戏需要两人开车，车又是手动挡，停在下坡方向，拍摄时就由工作人员在后面推。一开始小赵老是停不准，好不容易停对了，他迤迤然下车，结果车居然在继续往前滑，大家都慌了，"手刹没拉！"赶紧拉住，全场爆笑。

　　这个夜晚，慢热的弟弟倒是突然和大康变熟。医院门口，拍之前两个小孩就在车里嘀嘀咕咕不时大笑，开机，大康拉开车门准备走进医院，被小北叫住，一回头，一下子就笑场了。一看，原来是弟弟在车里偷偷做鬼脸。导演大喊："千玺，你学坏了！"

　　今天大康、癞子先后杀青，最后照例送上花，导演不忘调戏弟弟："欸，你的朋友杀青喽。"Jojo 接话："刚变成朋友就杀青了。"起哄他俩"抱一个！抱一个！"，于是兄弟俩在戏外羞涩地互抱了对方。

　　今天也是一天小雨，看来重庆的夏天也要结束了。

今天去西南大学拍高考阅卷，进了学校大门反而找不到路，我们几个因为坐着啥也没干，被老大狠骂了一通。久违了。

想到快结束，太松懈了吧。

但是今天的天气真好，有种雨后的清澈与晴朗，阳光明媚，风吹得绿叶在光里摇动。

今天好像是大学开学的日子，路边摆满了新生的生活用品，水盆、热水瓶、扫把、拖把、垃圾桶……老板在一旁吆喝，宿舍里挂着飘荡的衣服，背着书包的新生们，好奇的脸上充满了勃勃的生机。

大学校园的气息，也久违了。

收工的时候，杂志社的人来探班，为我们拍了一张大合照。照片里我们还是笑得这么开心。

一早拍郑易去找李想了解情况的戏，很久没看到张耀了。

"如果反抗没有用的话，还要不要反抗""正义保护不到的
地方怎么办"，一贯懦弱的男生难得露出了这么强势的一面，他
一直不敢为陈念做什么，高考结束后，终于不再装作没看见。

张耀杀青。

下午回到铁中拍摄海报。

又是撕书。往事不要再提。

这次没压力，发泄般地撕了扔，手指头又红了。

到了操场，拍蹦蹦床。

谁的点子啊，好浪漫。

弟弟和冬哥牵着手在蹦床上跳来跳去，开始弟弟还放不开，
导演希望他张开嘴大笑，于是大叫"啊啊啊啊啊啊啊啊啊啊——
笑出来啊！"来营造氛围，但弟弟就是不肯张嘴，最后扛不住导
演的强攻，他反抗地大叫"不要——"，结果还是笑出来了嘛。
好少见他笑成这样。

好开心啊。这就是乐园。

围观到一半，我和巫妹突然被叫去和宣传同事一起商量明天
杀青宴的策划执行，天降一口大锅。而且还要现剪一个预告、一
个花絮，心疼每天宅在酒店的剪辑师一博，对他来说才是真正的
天降。但又摩拳擦掌很兴奋——终于要杀青啦！

撕完书，来到学校外面一间废弃冷冻仓库外的斜坡拍摄下雨
海报。

阿冬再次出手，一开始太密，弟弟、冬哥躺在地上被雨打得
完全睁不开眼，表情管理完全失控，冬哥立马大叫爬起来抗议。
继续调整，两人再次走进雨中，或躺、或坐、或站，导演希望呈
现出挥洒青春的极致感，于是尖叫示范，鼓励两人放声发泄。所
以今天叫得最嗨的其实是导演。

拍完这场戏，我赶紧和宣传同事一起去杀青宴的酒吧踩点策
划，而大部队晚上去拍了郑易和陈念的车戏，尹昉杀青。

到了酒吧，酒水菜单、场地布置、座位安排、投影位置、设
备支持、聚会流程、视频内容、PPT 设计、奖项设置……紧急地
全部走过，回酒店已经凌晨 12 点半。一边做流程表对内容催进

度，一边等着阿母挑完拷好的花絮素材一起去送给剪辑师一博。

凌晨 4 点，终于出发。

到了酒店，一博还在剪预告。拷花絮的时间就是他能休息的时间了。半夜才开始看素材，看完以后第二天就要剪出成品，这真的是人类能做到的事吗？感觉他看上去不太对劲。

我走的时候转头，他坐在电脑前盯着屏幕，像是认真在看，又像是什么都没在看，忽然用陈述事实般平淡的语气说"身体要崩溃了"，然后喝了一口手里的零度可乐。不知道他是在和我说，还是在和自己说。不知道该说什么，默默关上房门。

好可怕的一幕。

不行不行，不能这么想，明天就杀青了，天大的喜事，打起精神来，打起精神来！

又是阴雨，冷飕飕的。

上午在小北家拍完海报，下午 4 点到了车戏大本营，上次江边的空旷停车场。因为下雨，停车场变成了一片泥泞。阴雨绵绵，立在江边，城市弥漫一片灰蓝的雾，像朦胧的虚焦。到了结束之日，这座城市也褪去躁动，褪去激烈，变得温和，变得冷清，像是要与我们告别。

冬雨和弟弟坐上警车出发，开始了他们的最后一场戏。我们都在原地等候，接到了粉丝送来的应援蛋糕，准备好给两位主演的隆重杀青花，还有大瓶便宜的香槟，等待两位归来。

当听到对讲机里响起"小北、陈念杀青"时，有那么一瞬间，体会到了陈念说的"期末考试最后一门考完的感觉"。弟弟的车先回来，等冬哥到了，大家全部欢呼起来，导演和 Jojo 比我们激动多了，冬哥喜气洋洋的脸真可爱。等到要送花、开香槟庆祝的时候，大家却突然发现弟弟不见了。问萌子姐、续姐，也都没看到，房车上也没人影，我赶忙朝江边跑，才发现胖虎陪着他一起去了特别远特别远的江边，几个人穿得一身黑，站在那里，正用力地朝江里扔石头，像小孩一样。总是不自由的人自由的时刻看起来特别动人，不忍打扰，于是多给了他十秒钟，然后大喊："小北——该回来啦——"，叫了好久他们才回头，看我疯狂挥舞的双臂，三步并作两步地跑了过来。

全员到齐，鲜花奉上，大功终于告成。拍完合影，导演拿起桌上早就摇晃过的香槟，"砰——"地打开，突然转向冬哥。然后，接下来的场面，就是完全失控。

洒酒、抹蛋糕、疯狂地追逐、攻击、躲避、破口大骂、哈哈大笑，无人幸免。

这一刻就忘掉所有烦忧吧，我们都是少年啊。

每一场艰苦的旅途，总要用一场痛快与疯狂来结束。

比如在 9 月重庆的阴雨天，这个开始变得冷冽的晚上。

没想到最先断片的是导演，杀青宴进行到一半就被抬上车送回了酒店；现场抽奖，抽到了剃寸头才能拿奖金，第一个抽中的女孩有豁出去的豪气，自己被剃了头，奖金还送给了别人，大家疯狂鼓掌；大多数司机和大哥们都在外面喝酒吃肉讨论抽到了多少钱，吃吃喝喝得差不多了就回到车上等待最后一次收工的时刻；最热闹的当然是主创和演员那一桌，大家都走过去敬酒，说诸如原谅、诸如感谢的话；Jojo 喝高了，疯狂地抱着别人亲起来；最后一次送走了提前退场的弟弟，认真地拥抱了除了他以外的每个人，虎哥一身肉抱起来手感真好啊；饰演大康的小赵站上了餐厅乐队表演的舞台，唱了一首歌，说是自己写的，带着少年的骄傲；楠楠抹着眼泪，说想到今后就要分别，好难过；A 萌姐喝得说不清楚话，却逮到个人都真情实感地带着哽咽一直说，还好有媛姐一路搀扶着她……而 Mandy 是永远喝不醉的那个。就这样，人们各自成群，没了平日白昼的束缚，打开了心扉，诉说着真情。

人们狂歌大笑。

人们号啕大哭。

人们喝醉了，静悄悄睡着。

人们喝醉了，所以不停地说话。

这个晚上太过热烈又寂寞。五光十色，眼花缭乱，众生百相，我穿梭其中。

到了后来，人越来越少，司机已经送了几轮，小子没有撑到最后，我们把她抬上车，而 Jojo 还在教育别人，程师傅催了好几遍。我和宣传的同事，终于把大家都送走，留到最后检查了一切，离开了这片狼藉。

这就算是结束了吗？

回到只有老大还在的办公室，处理完明天大家离组的事情，因为身体崩溃的征兆拒绝了第二轮聚会的邀约，回到没有人的房间，已是凌晨 4 点，终于在床上躺下。

我想起今晚，走到主创桌边，Jojo 抱住我说："抱一个！今天都没和你说上话！"旁边小余姐看着我问："哇，你都没哭，这么铁石心肠哦。"我又怔住，努力辩解："因为要照顾大家，实在太忙了，没有时间来好好感受……"小余姐像看优秀的小孩子一样，拍了拍我的肩。

我想，做一个负责到最后、清醒到最后的人，也算是长大吧。今晚没有时间好好感受的，在回忆里都可以慢慢感受，对吧？

今天就到这里吧。

一个极为漫长的夏天，一个脚不沾地的夜晚，一段无状态的颠倒生活，暂且都结束了。为身体急性崩溃的表征感到害怕，为自己依然的不谙世事感到害怕，为失去走进人心的能力感到害怕。但这多少也有少年的一面吧。

杀青快乐，醒来就要真正说再见了。

2018 年就要过去了。

9 月从家里回到北京之后，继续补拍、送素材、剪辑、后期，关于"少年的你"的故事，零零碎碎仍在缓慢发生，只是日子早已不再惊心动魄。

明明夏天已经结束了很久，身体和大脑却好像还在从一场大病中极其缓慢地恢复一般惫懒，惫懒成了习惯。每天 3 点到 12 点的睡眠，三个月来仿佛都昏昏沉沉不清醒，怀疑自己其实每天都连续地多睡了一觉。梦倒是都精彩，可惜记不住，都浪费了。

冬天来了，才开始回味起怀念着夏天的感觉，每天都在等待一个召唤，好让我重新参与那个故事、那场战斗，让我确信我要明白的、燃烧的、摇曳的那种生命。

想起坐在从重庆回家的高铁上，整个人支离破碎，那时候说："也想要拥有足以回报一路苦辛的电影般的浪漫时刻，想要在结束时牵手并肩大哭大笑，狂歌竟夜青春无悔，想要浓烈的色彩，想勇敢聪明，学会走进心扉，想活在有意义的叙事里，想要捧着垮掉的身体从无穷尽的烦琐事务中逃脱开去，需要寻求让自己感到值得的东西。"

太想逃走，没和大家好好告别就坐上了回家的车。楠楠问为什么，对她说了这感受。而我从没想到她会那样回答，让人困惑，

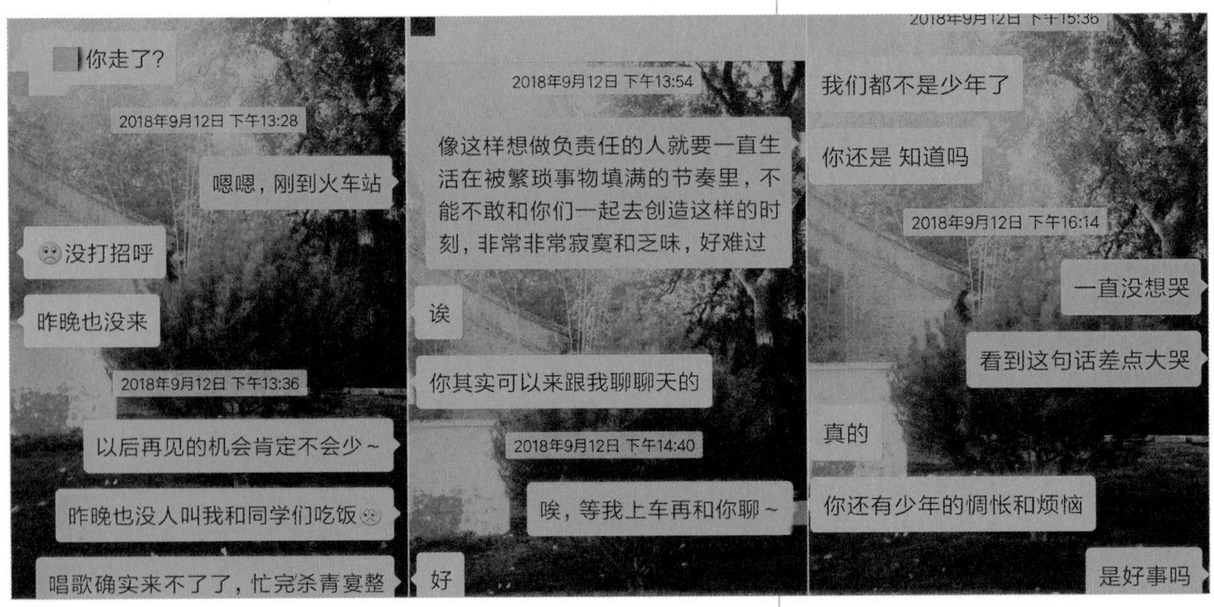

让人惊疑，也让人清醒，那样将我击中。她说：

"我们都不是少年了，你还是，知道吗？"

是吗？

三个月过去，终于可以平静地回头看这段日子，回答这个问题。

长大了吗？

长大了。

还是少年吗？

还是……吧。还是的。

值得吗？

说不准。

那后悔吗？

只有这一点有无比明确的答案，不后悔。

在这段有着相同姓名的日子里，我从别人口中得知，然后重新了悟了自己还是少年的事。拍电影是跋涉在成年人险恶的世界，为了创造最好的作品奋不顾身却还是像少年；人与人的关系过于复杂、迷人，又恶心，我想还是凭着一丝不懂的天真努力理解与得到了理解；原本以为走不进真心，多多少少也收到了温柔；这个属于少年的故事，或许会在明年夏天证明这一切都值得。

在夏天到来之前，还有许多日子要过，我不会祈求它们更好过一些，更凛冽也可以，只要故事精彩就足够。

少年的你，等夏天到了，我们还会再见的，对吗？

那说好了。

姓名 ___________________

曾国祥／导演

一 │ 选择填空题

① 如果选一个人陪你去荒岛，最想要带谁？

A. 许月珍
B. 周冬雨
C. 易烊千玺
D. 张一博 ▨

② 更喜欢哪里的火锅？

A. 重庆 ▨
B. 中国香港
C. 中国台湾
D. 不喜欢火锅

③ 觉得剧组谁的寸头最帅？

A. 自己
B. 周冬雨
C. 易烊千玺
D. 黄觉 ▨

④ 你 18 岁时发生过的特别故事是什么？

P.L.U.R ______________________

① 2016 年　电影正式立项　　② 2017 年　剧本成形，定景重庆

③ 2018 年　山城炎夏，历时六十天拍摄，电影正式杀青　　④ 2019 年　电影上映

每一部电影的诞生都像一场高考，要跨越万水千山、历经艰难困苦，最终交上一份凝聚所有人心血的答卷。以上材料触发了你怎样的联想和思考？请据此写一篇文章，讲述你与《少年的你》的故事。要求：选好角度，真情实感，自拟标题；不要套作；可以泄露个人信息；少于 800 字。（注：可尽情吐槽导演、监制，然后他们会酌情删去，嘻嘻。）

监视器前的我，背后的你

　　刚入行做副导演和演员的时候遇到过几个导演，不管现场发生了什么大小事，坐在十万九千里外的他们都是不会离开导演椅的。每次有问题的时候，都要演员、副导、摄影师一大队人走去监视器前跟他们讨论。这样既费时又不清楚现场发生了什么，有时候甚至会觉得这些导演都是在逃避。所以很久以前就跟自己说，如果将来我有机会做导演的话，一定不可以这样。

　　十多年后，拍过几部戏了，能理直气壮地说，自己一直都秉持着当初的态度，不管场地条件要把监视器放到多远，也要尽可能每一条每一镜都留在现场。这样可以跟演员和前线工作人员多建立默契和信任，也能立刻了解和解决问题。

　　可没想到在拍摄《少年的你》的过程中，我发现自己也有想要逃避的时候，但不想待的不是拍摄现场，而是监视器前的座位，因为坐在身后的是亲爱的监制和编剧们。

　　一个创作团队在历时差不多两年的漫长剧本创作过程中少不了会有分歧。比如对小北这个人物的理解，他究竟是个小混混或只不过是个没上学的问题少年，现在社会上到底还有没有这种人，还是我们有港台古惑仔情结等，各种争论就不知道来回了多少次。尽管意见有时不合，但我们都会找到大家能接受的解决方向。她们是我最信任的伙伴。

　　把文字转为影像和表演是导演的责任，可是每个人都会有不同的想象。在现场执行的时候，我其实很怕有人打乱自己的构思。自问不是个转数快的人，不希望计划好的调度和分镜会被人改动，因为在现场，Time is money！记得在拍陈念和小北被审讯的戏时，我跟小余一早就设计了那场的顶光。我希望用那种很硬很利的光打在他俩的头顶上，来营造出两个少年好像在忏悔室内的感觉。拍摄期间，身后一直传来对那顶光的不同意见，有人说这光把演员打得不好看，有人说北哥看起来太凶太狠，会打消观众对陈念的同情和担心。本来对拍这场重头戏已经很紧张了，她们这样说了我更没底。好几次从现场走回监视器房间看到她们好像对这场戏很担忧和不满意的眼神，我立马就想离开了。我终于有逃避的念头了，算是成长还是退步？希望不是自尊心作祟，而是怕让自己最信任的人失望才会有这种反应吧。没有她们，这戏肯定不会是现在这个样子。

　　有一位导演说过，拍电影就像是一边坐着游乐场的碰碰车，一边试着写《战争与和平》。感谢每位为电影出过力的兄弟姐妹，希望各位能一直在这乐园里做着自己喜欢的事。

　　After all, this is our playground...

许月珍 Jojo ／监制

一｜选择填空题

① 在拍摄期现场，发脾气的次数：

A.　0

B.　2

C.　10

D.　太多次，记不清了

② 如果下次再跟周冬雨合作，想让她尝试什么新角色？

A.　腹黑杀手

B.　傻白甜软妹

C.　200 多斤的胖子

D.　外星人

③ 在你心中，以下哪种颜色可以代表易烊千玺？

A.　红色

B.　黑色

C.　白色

D.　金色

④ 在剧组最经常讲的一句话是什么？

有必要这样吗？

① 2016 年　电影正式立项　　② 2017 年　剧本成形，定景重庆

③ 2018 年　山城炎夏，历时六十天拍摄，电影正式杀青　　④ 2019 年　电影上映

每一部电影的诞生都像一场高考，要跨越万水千山、历经艰难困苦，最终交上一份凝聚所有人心血的答卷。以上材料触发了你怎样的联想和思考？请据此写一篇文章，讲述你与《少年的你》的故事。要求：选好角度，真情实感，自拟标题；不要套作；可以泄露个人信息；少于 800 字。（注：可尽情吐槽导演、监制，然后他们会酌情删去，嘻嘻。）

可惜她不是陈念

我曾经有一个很好的朋友，很小就出国读书，她不美，但很有才华，她很努力地生活，但没有自信心，应付不了社会。某天晚上，她给我讲起小时候的一件事。她的小学老师当着全班同学的面说，你看你多不好看，某某某多可爱。这是我第一次知道一句话原来可以毁掉一个人往后的人生。伤害别人、霸凌别人可以是一句话，不需要动粗。我当时心里很痛，但我没说什么，说了也没用，伤害已经造成了，当时就是没有一个人能保护她，如果当时我也在班上，我是否就可以保护她？

很多年后，碰上了陈念和小北的故事，心里很激动，为什么就没有一个人可以保护他们？别再问了，就把这些事拍出来吧。

开机。7 月初，只有女主冬哥在组里，一直在拍陈念一个人被霸凌的戏，导演把很多关于霸凌的视频给她看，她看了很难受，但她说她还是抓不住。那两周，导演和她一起找寻那种不是懦弱又不是坚强，不是害怕又不是勇敢的脆弱，那种感觉，好难找哦。

7 月中，她说她心里很难受，演这样的角色实在太难受了，心里一直有个东西在叫她跳出来，她不想直接跳进去，跳进去好难受，这时的陈念好难受，但她必须装坚强，不坚强的话就很痛。

然后男主来了。

围读那天，他问，我恨我妈妈吗？我说你不恨她，你离家出走不是恨她，而是为她牺牲，让她找到幸福，你心里明白，如果她能强大一些，她就可以保护你，但现在只能你来保护她。拍小北和陈念讲身世的那场戏，他讲着讲着就哭了，他说，陈念，你是第一个问我痛不痛的人。

拍结局囚车的现场，下着毛毛雨，我问他，明白"而且我不希望有这样的如果"这话的意思吗？他说不知道。我说就是希望这世界不再发生这样的事情，他深深地点了两下头。拍摄的时候，他就把那个读懂苍生的眼神演了出来。

可惜我的朋友不是陈念，她没有碰上小北，小北是我心里的天使，一个受过苦难的天使。

杀青前一周，带着覃宏和陈导演去岸边的重庆居酒屋吃饭，站在南岸看着北岸，看着下雨后的重庆，金光里的大楼恍如纽约的曼哈顿天际，我清楚地记得我问了别人三次，你看到了吗，太漂亮了！希望每个人都在某个时刻能看到自己心中的曼哈顿。

2018 年，酷热、潮湿、脏脏的那些日子，感谢导演和余静萍记录了那一双双少年们干净的眼睛。

P.S. E，在台北看到你的画了，如果你留下来，你会多画一张怎样的画呢？

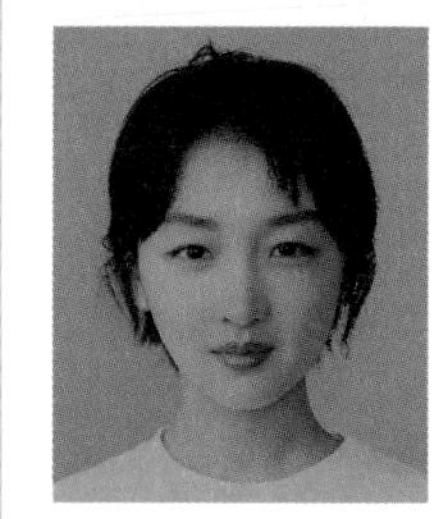

周冬雨／陈念

一 ｜ 选择填空题

① 你是怎样操作手机的？

A. 单手拿手机，同一只手的大拇指进行操控

B. 一只手拿手机，另一只手的拇指进行操控

C. 两手扶着，大拇指交替操控 ■

D. 一手扶着，另一只手的食指进行操控

② 剃寸头后，每天洗头需要多久？

A. 2 分钟 ■

B. 5 分钟

C. 10 分钟

D. 15 分钟以上

③ 以下被虐行为中，疼痛指数最高的是：

A. 被排球砸头

B. 滚下楼梯

C. 扇耳光

D. 扯头发

E. 拒绝回答 ■

④ 最想对陈念说的一句话是什么？

你真挺厉害的。

二 ｜ 作文　试阅读以下材料，并根据要求写作

① 2016 年　电影正式立项　　② 2017 年　剧本成形，定景重庆

③ 2018 年　山城炎夏，历时六十天拍摄，电影正式杀青　　④ 2019 年　电影上映

每一部电影的诞生都像一场高考，要跨越万水千山、历经艰难困苦，最终交上一份凝聚所有人心血的答卷。以上材料触发了你怎样的联想和思考？请据此写一篇文章，讲述你与《少年的你》的故事。要求：选好角度，真情实感，自拟标题；不要套作；可以泄露个人信息；少于 800 字。（注：可尽情吐槽导演、监制，然后他们会酌情删去，嘻嘻。）

　　　　陈念

陈念喜欢吃什么零食　　　　　　　　当你觉得身处黑暗

喜欢看什么电影　　　　　　　　　　或许

喜欢听什么歌　　　　　　　　　　　你是光啊

最开始她也觉得　　　　　　　　　　保护世界

做大多数没什么不好　　　　　　　　这句话

要走的路那么长　　　　　　　　　　因为幼稚　所以难得

来不及停留

　　　　　　　　　　　　　　　　　她从未离开过这座城市

但最可怕的不是孤立、嘲讽、恶意中伤　　但她相信

而是在井然有序里藏着扳着的秩序　　　这个世界本来不是这样的

　　　　　　　　　　　　　　　　　那

她在书上抄写　　　　　　　　　　　错误出在哪里

我们生活在阴沟里

但总有人仰望星空　　　　　　　　　如果再选一次

　　　　　　　　　　　　　　　　　还是会为胡小蝶盖上校服吧

怯弱

坚定

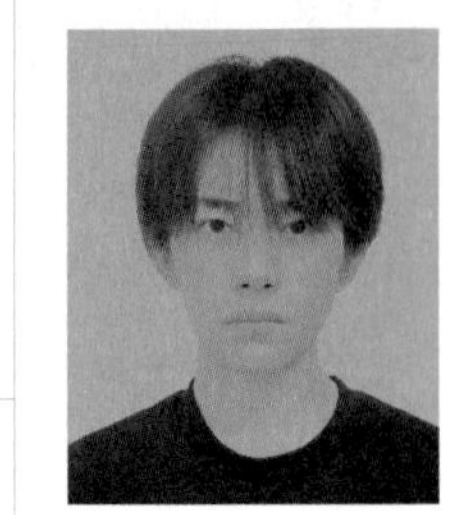

易烊千玺／小北

一 ｜ 选择填空题

① 小时候的压岁钱，都会藏在哪里？

　　A.　被妈妈以"帮你存着"拿走

　　B.　家里的某个角落

　　C.　枕头下面

　　D.　花掉

② 成为小北后，收获最骄傲的新技能是：

　　A.　修手机

　　B.　骑摩托

　　C.　泡面

　　D.　剃头

③ 如果可以互换身份，最想在剧组担任的工作：

　　A.　监制

　　B.　导演

　　C.　制片人

　　D.　造型指导

④ 小北身上的少年心是什么？

　　纯粹、执着。

二 ｜ 作文　试阅读以下材料，并根据要求写作

① 2016 年　电影正式立项　② 2017 年　剧本成形，定景重庆

③ 2018 年　山城炎夏，历时六十天拍摄，电影正式杀青　④ 2019 年　电影上映

每一部电影的诞生都像一场高考，要跨越万水千山、历经艰难困苦，最终交上一份凝聚所有人心血的答卷。以上材料触发了你怎样的联想和思考？请据此写一篇文章，讲述你与《少年的你》的故事。要求：选好角度，真情实感，自拟标题；不要套作；可以泄露个人信息；少于 800 字。（注：可尽情吐槽导演、监制，然后他们会酌情删去，嘻嘻。）

那年夏天的少年

再次回忆 2018 年夏天的重庆，燥热、潮湿、压抑，也有些许幸福——离上次来重庆已经两年，拍摄地和酒店也在几年前训练的公司附近，每次上下班路上总能看到以前爱去的店铺，想到我还像个小不点的时候最爱吃的抄手。在公司楼下的小吃店，鸭腿、馄饨、小面一顿一顿地吃。

回忆这感觉的时候……有点熟悉也有点小陌生，可能是几年过去我长大了，带一点欣慰地回望……也有可能是现在我的心情和感受不同了。以前我跟朋友描述重庆的时候会说，每天好像 40℃ 下被保鲜膜裹着出汗的感觉，听到的人总会"噫"的一声。而这回大都是晚上的戏，虽然白天强烈高温给人的压迫感基本避免了，但晚上照样是在闷热潮湿狭窄的环境中，所以一部戏下来之后，再回忆起小北，大多都是阴暗角落、潮湿街头、马路牙子上深绿色脏苔藓的画面。

来自人物本身的能量，剧组敬业的氛围，能帮助我在过程中逐渐深入。从第一次暗巷里的威胁，到最后一次隔空对话陈念的拍摄，其间我和小北的互相交流，越来越深入和默契。有拍起来很爽的部分、很刺激的部分、很难得去体验的部分，当然也有非常非常难的部分。要感谢导演和 Jojo 姐对我们的帮助和指导，小北、陈念这两个角色和我们两个的生活环境、行为习惯都相差比较大，他们帮助的方法也很特别，让我更深入了解了小北这个角色。

所以，这个夏天我是幸福的。有高标准要求、协作默契的剧组环境，有这么一次认真体验另外人生的机会，有如此深刻的一笔画在我成年前残酷又温柔的夏天。

最后，愿每个少年的你，都能永远拥有且热爱少年的你。包括 2018 那年夏天的少年。

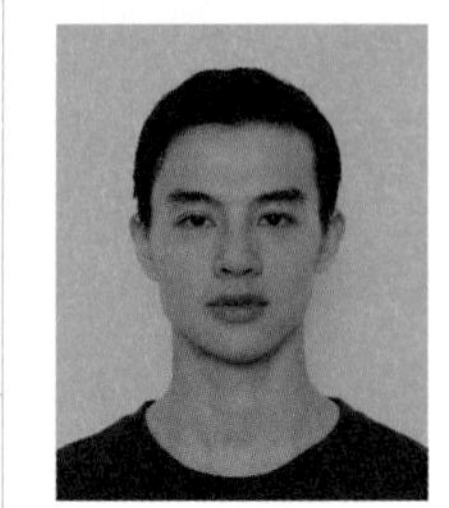

一 ｜ 选择填空题

① 如果你有一次机会可以看见你的未来，你会马上使用这个机会吗？

    A.　会，因为预见未来可以避免烦恼

    B.　现在不想知道，但以后可能会使用这个机会

    C.　不会，虽然有兴趣，但是并不想知道自己未来会发生什么

② 如果你朋友不小心打了个饱嗝，你会：

    A.　假装无事发生，不让人尴尬

    B.　开个玩笑化解尴尬

    C.　这个我也会，一起来，没关系

③ 最"痛苦"的一场戏：

    A.　作为一个理应爱吃辣的长沙人，为戏吃了一晚上番茄锅

    B.　审讯小北的戏，心情沉重

    C.　郑易诈陈念说真话的戏，被冬哥咬手臂

④ 觉得自己和郑易最相像的特质是什么？

半个少年的那份执念。

① 2016 年　电影正式立项　　② 2017 年　剧本成形，定景重庆

③ 2018 年　山城炎夏，历时六十天拍摄，电影正式杀青　　④ 2019 年　电影上映

每一部电影的诞生都像一场高考，要跨越万水千山、历经艰难困苦，最终交上一份凝聚所有人心血的答卷。以上材料触发了你怎样的联想和思考？请据此写一篇文章，讲述你与《少年的你》的故事。要求：选好角度，真情实感，自拟标题；不要套作；可以泄露个人信息；少于 800 字。（注：可尽情吐槽导演、监制，然后他们会酌情删去，嘻嘻。）

<h3 style="text-align:center">郑（正）易（义）之心</h3>

跟导演和 Jojo 聊剧本的时候，他们说《少年的你》里面有三个少年，陈念、小北、郑易。后来有一天又改口说是两个半少年，郑易只能算半个。我有点不同意，为什么郑易只能算半个？他那种追求正义的少年之心还算不上"一个"少年吗？虽然年龄大了点儿！

拍摄期间，Jojo 不知道从哪里找来了一个心理咨询师，说用一些心理学的方法来帮助演员进入角色。好吧，放马过来！一个游戏：桌上很随意地放了一些物品，凭直觉以角色的名义选择一个物品来代表这个角色，然后根据咨询师的要求来跟其他角色代表的物品进行对话。一起参与的有 Jojo 和两个编剧，伊萌与李媛。李媛代表陈念，伊萌代表小北，Jojo 代表魏莱，我是郑易。桌上乱七八糟地放了一些东西，我选择了一个纸巾盒，黑色的、正方形的，里面有几张抽纸。陈念是一瓶矿泉水；小北是一瓶茶饮料，黑色的包装膜完全覆盖了饮料瓶身；魏莱是一杯纸包装的咖啡。咨询师通过提问让我们一步一步去把自己对这些物品的观察跟自己的角色和角色之间的关系与处境连接起来——我本来是柔软的纸巾，希望来擦拭和抚慰人们，由于内心软弱，所以找到了一个坚硬的充满棱角的外壳包裹住，这样看起来很强大，就像是我警察的身份；陈念这瓶水的瓶身被破坏了，水流出来，我想去擦拭，陈念拒绝，因为她看到的是一个坚硬的盒子；黑色的包装纸让小北这瓶水看起来既神秘又危险，但是陈念还是选择小北的帮助，因为他们是同类；纸包装咖啡的魏莱就像是快速消费时代的产物，冷漠、孤独却极度脆弱。作为一个警察，我对这几个少年束手无策，正义感无的放矢。我试着把那个黑色的盒子拿掉，把真心显露出来，好像开始有了转机。嗯，不知道这个游戏是不是能对我后来的表演有帮助，但那一刻我能够体会到郑易里面的纸巾和外面的那个壳。

导演和 Jojo 在拍摄的不同阶段问过我好几次这个问题：郑易用尽各种办法逼陈念认罪，是真的为了陈念好还是想破案？如果两者都有的话，哪个比例更大呢？我用了很多理由来说服我自己——这两者完全不冲突，我既是身为关心陈念的人为了陈念好，也是身为警察为了真相和司法公正。我很坚定地认为郑易是在做最正义的选择，只有这样才能真的帮到他俩。他们总是会反问我：真的吗？好像持保留意见。我不明白这有什么好质疑的，直到我拍到审问那场戏——在一番连哄带骗软硬兼施下，小北还是无动于衷，我失控地拍桌咆哮道："你就那么喜欢她？"说出这句话的时候我有一种羞愧，面对少年那种毁灭性的坚定的羞愧，是小北带给我的，也是千玺带给我的。我把陈念从隔壁拽过来，看到他们心灵相通的眼神，陈念含着眼泪狠狠地抽了小北一巴掌，我更加羞愧，一种辜负的羞愧，是陈念带给我的，也是冬雨带给我的。我喊道："你们真的知道自己在做什么吗？"但我知道这就是少年。

"正义"这个词，我们总认为它是一个美好的词，它代表公平、公正和道德，但是，有时候仔细品味这个词，也能从中感受到自以为是的态度。因为人们总是对自身的正义性深信不疑，尤其与他人的行为和信仰相比较时，总能找到充分的理由和证据证明自己的正义性。不同的正义之间好像总是缺少一个通道去彼此和解。法律一定要被捍卫，违法犯罪一定要受到惩罚，不管这里面有多少理由、多少无奈，因为这是维护社会秩序的基础。但是道德层面的东西需要更多的理解、包容和关爱，而不仅仅是审判。

我觉得《少年的你》这部电影的意义不仅仅在于呈现了一段残酷的青春，和一个令人唏嘘的案件。还有我们面对像霸凌这种世界上每个角落最普遍的社会现象、人性最普遍的恶，我们真的理解它吗？我们真的懂得用更好的方式去解决它吗？这部电影还不至于能给出一个答案，但我认为是一个理解它的开始，那里面住着每一个"少年的你"。

黄觉／老杨

一｜选择填空题

① 少年的你曾最烦恼的一件事情：

　　A.　长得太帅

　　B.　升学压力 ■

　　C.　父母管教

　　D.　恋爱问题

② 如果可以饰演影片中的少年角色，你最想变身成谁？

　　A.　小北 ■

　　B.　李想

　　C.　陈念

　　D.　魏莱

③ 你想象陈念和小北的未来会怎样？

　　A.　老死不相往来 ■

　　B.　一起去了北京

　　C.　重复原生家庭的结局

　　D.　留在小城安静生活

④ 如果重返少年时代，你最想改变的一件事是什么？

好好学习。

① 2016 年 电影正式立项　② 2017 年 剧本成形，定景重庆

③ 2018 年 山城炎夏，历时六十天拍摄，电影正式杀青　④ 2019 年 电影上映

每一部电影的诞生都像一场高考，要跨越万水千山、历经艰难困苦，最终交上一份凝聚所有人心血的答卷。以上材料触发了你怎样的联想和思考？请据此写一篇文章，讲述你与《少年的你》的故事。要求：选好角度，真情实感，自拟标题；不要套作；可以泄露个人信息；少于 800 字。（注：可尽情吐槽导演、监制，然后他们会酌情删去，嘻嘻。）

HUG

《少年的你》，好残酷的一个名字。一个青年的我只能与他隔岸相望，没啥关系。怎么接触到这部戏的？我完全忘了，反正跟我说的时候就说是曾国祥导演的新戏。

我踏入演员这个行业拍的第一部电视剧、偶像剧，就是和曾宝仪演一对情侣。我俩特别聊得来，很快就成了很要好的朋友，从那时候我就知道她有个弟弟，她弟弟一直是她心中的骄傲，为啥骄傲她也没说清楚，反正就是骄傲。但从那时起我就有意无意地会留意这个人——曾国祥。一直看他一路走到了《七月与安生》，哎呀，确实是可以骄傲的呀！

因为这个，听到曾国祥的名字后，我啥也没问，就答应了。他应该也不知道有这么一个一直在暗戳戳关注着他的人，所以，剧本我是在飞往重庆的飞机上才开始看的。没想到，完全没想到，翻开剧本就被它深深地吸引住了，就一路顺着看了下来，感觉都没顾得上留意我在里面要演谁，情绪被男女主角牵绊着。女主角会是谁呢？看这笔触，应该周冬雨的概率很大吧？刚看完《后来的我们》，喜欢上了这个女演员。男主角又会是谁呢？一时半会儿没想出来，下了飞机直接去了现场，在现场见到了导演和监制Jojo，也没顾得上寒暄就直接问男女主角是谁。周冬雨、易烊千玺，哎呀！易烊千玺，瞬间对这个既熟悉又陌生的名字有了巨大的好感，这小伙子也太会选择了吧？脑海里走了一遍，就是他，就得是他！！再问，和我演搭档的是谁？尹昉。哎呀！哎呀！差点没把大腿拍烂，我们在西班牙有过一面之缘，一起去看了一场弗拉明戈，他当时正在拍《红海行动》，剧组转场，他自己一个人从摩洛哥飞到西班牙旅游，短短一面，这个长得干干净净的男孩就给我留下了深刻的印象。这一下，自己进了这个剧组感觉中了奖，都是自己喜欢和关注的人。

第一场戏是和周冬雨一起拍，莫名其妙地有点紧张。在一个年轻女孩儿面前紧张得自己都觉得可笑，但在导演不厌其烦的引导之下还算勉强顺利地把戏拍完，这让我感到导演有着与他那张脸不大相符的沉稳和耐心。嗯，确实是曾家的骄傲。

第二天，我们要拍一场我和尹昉吃火锅的戏，我非常期待，因为我去过那么多次重庆，一次火锅都没吃过。想着第一次在重庆吃火锅是在拍戏的时候，很有仪式感，也算是件难忘的事。终于坐在摄影机前火锅边上的时候，尹昉说："导演，我吃完辣的火锅嘴唇会马上肿起来（大家可以脑补尹昉那厚嘴唇肿起来的样子）。"导演听完只能把原先辣的汤底换成了西红柿的。我的第一次重庆火锅就是在假装自己吃得很辣的西红柿汤中崩塌了，导致我现在吃火锅都会想到那天，非常难忘。

要说难忘，最难忘的，也是无以言表的，就是摄影师余静萍那个深深的拥抱。

吴越／陈念母亲

一｜选择填空题

① 如果让你在以下成员里选一人单独聊天一小时，你会选：

A. 曾国祥

B. 许月珍

C. 周冬雨

D. 易烊千玺

② 如何形容陈念母女之间的关系？

妈妈让孩子费心。

③ 周冬雨的染发技术如何？

A. 很好，已经是 Tony 老师的水准了

B. 还行，基本可以自己动手染发了

C. 还有待提高

④ 你觉得拍摄效果最好的一场戏是：

A. 陈念妈妈在小旅馆给陈念打电话

B. 陈念回家给妈妈染发

C. 陈念妈妈看到女儿现状失声痛哭

D. 陈念高考出分

① 2016 年　电影正式立项　　② 2017 年　剧本成形，定景重庆

③ 2018 年　山城炎夏，历时六十天拍摄，电影正式杀青　　④ 2019 年　电影上映

每一部电影的诞生都像一场高考，要跨越万水千山、历经艰难困苦，最终交上一份凝聚所有人心血的答卷。以上材料触发了你怎样的联想和思考？请据此写一篇文章，讲述你与《少年的你》的故事。要求：选好角度，真情实感，自拟标题；不要套作；可以泄露个人信息；少于 800 字。（注：可尽情吐槽导演、监制，然后他们会酌情删去。嘻嘻。）

岩石上的花

参演《少年的你》这部电影，是因为喜欢曾导演的电影《七月与安生》。这部电影让我深深体会着"似水流年"这四个字。所有人都在自己的河流里，在他的指挥棒下发生着自己的故事，细腻、真实、让人心动。

很开心合作的机会就这么来了。记得第一场戏是在 6 月的重庆，一栋居民楼里。那天天气炎热，那个场景比普通人生活的地方还要底层些。充满油腻的灶台、暖壶、做饭用的铁锅，头发蓬松、穿拖鞋走来走去的慵懒的人。从小小窗户望出去，能看见江上穿梭的运输轮船，远处隐隐的有高级的酒店大楼和办公大厦。这样的氛围很容易让人有代入感。我按照剧本提示给"女儿"打电话，把烧开的水灌到暖壶里，按照导演的要求一点一点小心谨慎地去调整自己的状态，也小心珍惜呵护着这一次的合作。这种感觉让我回想起了久违的戏剧学院表演考试。那天下午，我不确定自己的表现是否符合这部电影的气质和导演的要求，但我确定，这位导演让我有安全感，我对他有信心。

荧屏上大部分的母亲形象都是为母则刚、伟大、隐忍、温良恭俭让。而这个妈妈很特别，她天真、轻信、糊涂，情商智商都不算高，能力当然也不高，非但没有自己的孩子成熟，反而还经常让女儿替她操心和担心，当然，生活也从来没有厚待过她。但稀里糊涂的她却能和自己的女儿处得像朋友一样，或者，更像是需要女儿时时罩着的同班同学。能力不强的妈妈往往能培养出一个能干的孩子，生活中这样的母女我也真的是见到过。总之，这是一个让我产生了新鲜感和好奇心的人物。现在回头看，依然觉得她是可爱的。

这部电影里的少年们并不是在温室里充满呵护和阳光的，也并没有天天的蓝天白云、白衬衫和白球鞋。他们的人生充满苦战，真实、残酷甚至刀光剑影。他们的人生没有偶像剧里的泡泡糖剧情，更没有各种晚会综艺里寻常能见的耍酷青春和可人微笑。他们更像在岩石上绽放的花朵，虽然艰辛，但照样夺目。

期待电影院这样的电影多一些，更多一些。

期待所有的真诚付出都能被厚待。

周也／魏莱

一 ｜ 选择填空题

① 如果今天是周末，但是你必须在七点钟出门。那么，你会把闹钟设定在几点几分呢？

A. 06：20，闹钟一响，马上起床

B. 从 06：00 开始每隔十分钟设定一个闹钟，到 06：40 再起

C. 06：00，闹钟响了会把它关掉，再睡十五分钟左右

D. 06：30，闹钟一响就起来，但会坐在床上发呆

② 如果你上了一辆大巴，有以下几个空位，你会坐在哪里？

A. 最后一排的角落

B. 中间靠窗的座位

C. 中间靠走廊的座位

D. 第一排

③ 你印象最深的一场戏是：

A. 魏莱接受审讯

B. 魏莱三人对陈念的围堵

C. 魏莱被陈念推下楼梯

④ 你觉得魏莱这个人物的矛盾点在于：

想成为一个所有人都认同的好孩子吧。

① 2016 年　电影正式立项　　② 2017 年　剧本成形，定景重庆

③ 2018 年　山城炎夏，历时六十天拍摄，电影正式杀青　　④ 2019 年　电影上映

每一部电影的诞生都像一场高考，要跨越万水千山、历经艰难困苦，最终交上一份凝聚所有人心血的答卷。以上材料触发了你怎样的联想和思考？请据此写一篇文章，讲述你与《少年的你》的故事。要求：选好角度，真情实感，自拟标题；不要套作；可以泄露个人信息；少于 800 字。（注：可尽情吐槽导演、监制，然后他们会酌情删去，嘻嘻。）

这个有关"魏莱"的夏天

2018 年盛夏，对我而言本应是一个简单的暑假，却因为魏莱，变得浓烈、灼热、不可思议。

她叫魏莱，却亲手毁掉了自己和别人的未来。她没有权利选择原生家庭，缺少关爱、缺少陪伴，被金钱、名利围绕，父母娇惯，种种缘由将她推上了歧路。她有着两副面具，两面都是真实的她，一面如天使般乖巧，一面像恶魔般狰狞。她像那些极致单纯，也极致邪恶的少年，年少无知是他们的保护色，仿佛这就是他们凭借所谓"单纯"来伤害别人，让自己免于责罚的理由。

如果问我饰演魏莱的感觉，我的第一反应就是难受。戏里，陈念是被魏莱欺凌的人；戏外，周冬雨是我的师姐。有几场戏我要动手打师姐，我下不了手，觉得内疚，所以连续拍了几条都没过，最后导演干脆这样启发我："好好打，一次过！"冬雨师姐也在一旁安慰我："没事，打吧。"这些给了我很大的帮助。大家的用心，造就了这样一部电影，前辈们对我的勉励，让魏莱这个角色更加丰满。

记忆中最难以忘怀的一场重头戏，是我从高处滚下去，第一次吊威亚，在重庆的一个楼梯上，差不多五六层楼那么高，下面就是江。我心里非常害怕，所以在正式拍摄前练习了一整个下午，出了很多汗，到了晚上开始拍摄的时候，心里的忐忑和害怕没有减少一分一毫，但也坚持着，滚了一遍又一遍，最后根本数不清在楼梯上滚了多少遍。接着又拍了头撞石头的戏，撞得整个人晕乎乎的，第二天起床全身酸痛，这对我来说，是"苦"的滋味，是"痛"的感觉，但也是叫作"成长"的难忘经历。

2019 年，又一个盛夏将至，这部付诸诚恳与真心的作品就要和大家见面了。很多人都说，做演员最幸福的事情就是能体验不同的人生，在我二十岁的时候，有机会走进魏莱的人生，见到一些黑暗阴霾的角落，未来的我，会更加心怀善意，给予这个世界多一些温柔。愿每个少年，都乐观积极地生活，即使遇到挫折，也能平稳度过；即使走到绝境，也能遇到伸向他的双手，始终纯粹、洁白、热切。校园应该是一个充满美好和欢笑的地方，暴力以及伤害，不该发生在那里。

一 ｜ 选择填空题

① 你平时怎么挤牙膏？

　　A.　从牙膏底部开始，慢慢往上卷

　　B.　从牙膏的中部开始，直接挤压牙膏

　　C.　从牙膏的出口处挤牙膏

　　D.　随便挤，尽快使牙膏出来

② 你在剧组里最常和谁玩耍？

　　周也同学。

③ 你觉得李想是个怎样的人，用三个词形容：

　　有理想，坚定，纠结。

④ 你心烦的时候更倾向于用什么方法来缓解情绪？

　　A.　像李想一样，每当心烦的时候，就去做一套很难的题

　　B.　运动

　　C.　打游戏

　　D.　睡觉

① 2016 年　电影正式立项　　② 2017 年　剧本成形，定景重庆

③ 2018 年　山城炎夏，历时六十天拍摄，电影正式杀青　　④ 2019 年　电影上映

每一部电影的诞生都像一场高考，要跨越万水千山、历经艰难困苦，最终交上一份凝聚所有人心血的答卷。以上材料触发了你怎样的联想和思考？请据此写一篇文章，讲述你与《少年的你》的故事。要求：选好角度，真情实感，自拟标题；不要套作；可以泄露个人信息；少于 800 字。（注：可尽情吐槽导演、监制，然后他们会酌情删去，嘻嘻。）

<h3 style="text-align:center">致我第一次触电</h3>

2018 年的夏天，我偶然得到了《少年的你》中角色面试的机会，只记得那是一个阳光明媚的下午，我来到面试的办公室，虽然看了好久的试戏片段，但依然还是老毛病——紧张到发料，只在最后真正演的那一刻才放松下来。其实当时也并不是特别了解这是一部怎样的电影、一个怎样的角色，只是按照自己当下的理解尽力地诠释了一下，面试结束后，没过几天出了结果，我很幸运地争取到了这个角色，当下我意识到，"李想"——将会是我电影处女作的开始。

参与这部电影比较难忘的其实是去配音的时候，对于这部作品，我很期待它能够早些和大家见面，但同时对于"李想"，我也是忐忑的。其实杀青之后一直都没有看过成片，直到配音的时候，才有了我和它的第一次"见面"。在整个配音的过程中我是有一些压抑的，"李想"这个人，我觉得他有些现实，在整部作品里，他就像是一个旁观者，不参与，但又不是冷漠的，这其实有点矛盾，我在塑造这个角色的时候也因此遇到了一些困难，我不知道观众能不能理解这样的李想，或者说能不能真正地理解这个角色想要传达的意义。配完音后我想了很多，其实李想代表了世界上的一些人，想热心却没有勇气，只能用自己的方式默默地付出。自己的电影处女作品就能接到这样的角色，我觉得很荣幸也很开心。

回想起第一次见到曾国祥导演时，我是很紧张的，因为我还是一个从未演过电影的新人，担心自己不够好，但导演是一个特别和善可亲的人，在沟通角色的过程中，我认真地记住了导演说的每一句话，"李想"这个角色在我心中变得更加立体和生动了。拍戏时对导演印象特别深刻的是每一个镜头结束后，为了不让我们脱离场景、脱离角色，他都会从监视器旁跑到现场给我们讲戏，我总是会小心翼翼地问："导演，您觉得我刚才的戏可以吗？"他都会笑着说很好呀，非常感谢曾导的鼓励。记得第一场戏，就是和冬雨姐的对手戏，她古灵精怪、大大咧咧的性格感染着身边每一位工作人员，而且冬雨姐特别会带动对手演员的情绪，让我瞬间就能找到状态，她也并没有因为我是新人而觉得麻烦，反而一直在帮助我，总之特别温暖，谢谢搭档的信任。我们的监制 Jojo 姐，工作的时候特别严肃认真，一开始我很害怕她，后来开始敬佩她！Jojo 姐其实私下很照顾我们，每次吃饭都会特别关心我们几个小朋友，她在表演方面也为我提供了很多帮助，告诉我最真实的表演是什么样子的，怎样说台词、怎样和对手搭戏，让我真的学习到了很多东西，谢谢 Jojo 姐的教导。

在《少年的你》剧组中，每一个人都是真正热爱电影的，为了一个镜头达到完美，大家都尽了自己最大的努力，在我第一次的电影拍摄经历中就能从每一个人身上学到东西，真的特别荣幸，感谢每一个工作人员的付出和对我的信任。作为我电影职业生涯的首次触电，能够参与到这样的团队中，永生难忘，感恩一切。

林咏琛／编剧

一 ｜ 选择填空题

①　　最喜欢什么口味的食物？

　　　A.　甜

　　　B.　咸

　　　C.　辣

　　　D.　麻

②　　《少年的你》的剧本多数是在什么时段写完的？

　　　A.　上午

　　　B.　下午

　　　C.　熬一个通宵

③　　《少年的你》剧本情节改动最多的改了 ___来回宇宙无限___ 次。

④　　电影中最喜欢的角色是 ___小北___ 。

① 2016 年　电影正式立项　　② 2017 年　剧本成形，定景重庆

③ 2018 年　山城炎夏，历时六十天拍摄，电影正式杀青　　④ 2019 年　电影上映

每一部电影的诞生都像一场高考，要跨越万水千山、历经艰难困苦，最终交上一份凝聚所有人心血的答卷。以上材料触发了你怎样的联想和思考？请据此写一篇文章，讲述你与《少年的你》的故事。要求：选好角度，真情实感，自拟标题；不要套作；可以泄露个人信息；少于 800 字。（注：可尽情吐槽导演、监制，然后他们会酌情删去，嘻嘻。）

<h3 style="text-align:center">那年夏天的热闹与寂寞</h3>

电影拍摄现场，是一个热闹与寂寞并存的世界。人与人之间，有一条肉眼看不见的丝线联系，无论你是主创或小工，我影响着你，你也影响着我。能量场好厉害，习惯孤独写作的我，每天踏足拍摄现场，日复一日仍然被吓一跳，超乎寻常的累，只觉得好多能量在作用，让我晕头转向（编辑警告过我，不能在这儿写奇幻"故事"，所以就此打住，但电影拍摄现场就是个"奇幻场所"啊，算了，就此打住）。

简单而言，那年夏天，第一次发现电影创作的魅力，也许与一种超现实的集体歇斯底里或集体潜意识相关。为了这部电影，当时每个在现场的人都拼了（动机也许各不相同，但豁出去的火热意志是相同的）。

来自五湖四海，或满怀理想、或局促不安、或纯真不灭、或张狂傲慢、或谦逊内敛、或千帆已尽的一群永远的少年，共度了一个盛夏，共同创造了只有这个"少年国"能够创造的"少年的你"的世界。

然后，银幕上，小北流的血，陈念流的泪，点燃了这个火热之夏。

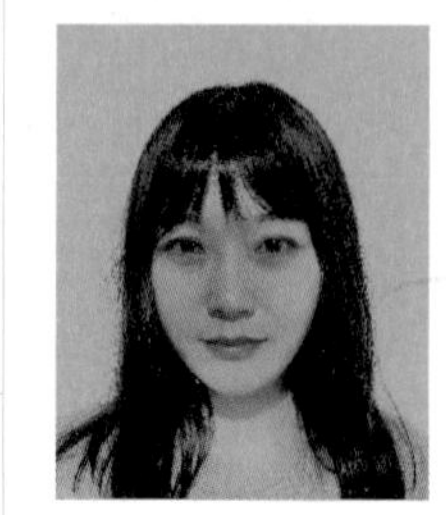

李媛／编剧

一 ｜ 选择填空题

① 你更愿意活在人生的哪个时刻？

A. 过去，很多美好回忆
B. 当下，满足现状
C. 未来，对未知充满想象

② 写剧本中最难的一场是 _都难_ 。

③ 知道了电影结局的你作为剧情中的人回到了开头，
最想为谁逆天改命？

A. 陈念
B. 小北
C. 小蝶
D. 魏莱

④ 你觉得小北对陈念的感情是什么样的？

A. 感到亏欠后的喜欢
B. 世界上另一个我
C. 对弱者的保护欲
D. 非常复杂，以上都有
E. 非常复杂，以上都错

① 2016 年　电影正式立项　② 2017 年　剧本成形，定景重庆

③ 2018 年　山城炎夏，历时六十天拍摄，电影正式杀青　④ 2019 年　电影上映

每一部电影的诞生都像一场高考，要跨越万水千山、历经艰难困苦，最终交上一份凝聚所有人心血的答卷。以上材料触发了你怎样的联想和思考？请据此写一篇文章，讲述你与《少年的你》的故事。要求：选好角度，真情实感，自拟标题；不要套作；可以泄露个人信息；少于 800 字。（注：可尽情吐槽导演、监制，然后他们会酌情删去，嘻嘻。）

演戏真的太难了

说来有趣，作为编剧，写剧本的时候常常能感觉到某个高阶自我的存在——姑且叫作"超我"好了。当你分裂成数个角色，投入地为他们共情，忙着制造他们之间的冲突或对话，有时还很神经质地哭或者笑时，那个"超我"总是在高处跷着二郎腿，面无表情地俯视，时不时还来句评论"太煽情了，比较低级""啰唆""喂！克制不是乏味！"……

被角色搞得焦头烂额还不够，还要打扫"超我"从云端吐下的瓜子壳。但有什么办法呢？TA 是你的慧眼、是你的灯塔、是你的理性之光啊。但是演戏时，这个"超我"也太碍事了吧？

有这个领悟，是因为不小心尝试了一把……其实就是陪尹昉对戏而已。

我们排练的是魏莱的尸体被发现后，郑警官到陈念家，想要带她去警局的那一场。虽然很短，也没几句台词，但真的很难演。需要在开门时，两人电光石火对视的一刹那，集中在脸上展现出复杂的情绪，并立刻很好地掩饰掉。

具体来说需要展现的内容是这样：

尹昉：看见陈念（我）寸头时的震惊 + 对她遭受霸凌的怜惜 + 对于自己没能保护她的愧疚 + 试图掩饰愧疚但又无法全然做到的短暂失措 + 作为警察必须公事公办的理性 + 害怕这种理性会伤害陈念的不安 + 但是仍必须理性的无奈。

陈念（我）：看到警察出现的震惊 + 为掩饰震惊而假装淡定 + 将这种淡定转化为"受到霸凌后情感回避"的故作坚强 + 对于警察来意的不安 + 假装第一次听到魏莱死讯 + 对于霸凌者死亡既不能显得高兴也不能显得悲伤，也不能过分惊讶，也不能不惊讶的微妙反应 + 思考对策并假装没有在思考，只是好单纯的一个脆弱女孩儿……

然后实际效果是这样的：

敲门声。开门。

尹昉目光忧郁、眉头紧锁地看着我。

我目光忧郁地低下头。

尹昉忧郁地说台词。

我忧郁地说台词。

尹昉目光忧郁、眉头紧锁地继续看我。

我目光更忧郁地看他，说台词，低头……

然后在一次双方都充满忧郁的对视中，大家笑场了。

这真是一次"零演技"的赤裸裸展现，难为尹昉了。那么在这个过程中，"超我"是如何工作的呢？

TA 拿着稿纸站在云端，激动地指手画脚，滔滔不绝，念着我上文列出的加法，"记住！你此刻应该拥有的情绪是 xxxxxxxxx……"

我恨不得给 TA 的嘴巴贴上胶布。因为根本等不及 TA 念完，演戏的对手就已经说完台词了。于是我只能在脑内唐僧的唠唠声中，本能地给出最容易的表情——忧郁，最容易的动作——低头……

原来演戏的最大难关，就是要绕过"超我"啊。

仔细想想也真是难，谁又能真的忘记自己，成为其他人呢？所谓"真听、真看、真感受"，又在多大程度上取决于对"超我"的催眠呢？

许伊萌／编剧

一｜选择填空题

① 如果可以穿越回古代，你会告诉别人你是穿越来的吗？

    A.　会，并寻求帮助，穿越回现代

    B.　不会，体验一下古代生活也不错

    C.　现实主义者不相信穿越

② 在创作剧本的过程中十分心疼 <u>小北</u>（**角色**）。

③ 剧本中花费时间最久的一段是 <u>结尾</u>。

④ 你觉得《少年的你》中和你最像的角色是 <u>都不像</u>。

① 2016 年　电影正式立项　　② 2017 年　剧本成形，定景重庆

③ 2018 年　山城炎夏，历时六十天拍摄，电影正式杀青　　④ 2019 年　电影上映

每一部电影的诞生都像一场高考，要跨越万水千山、历经艰难困苦，最终交上一份凝聚所有人心血的答卷。以上材料触发了你怎样的联想和思考？请据此写一篇文章，讲述你与《少年的你》的故事。要求：选好角度，真情实感，自拟标题；不要套作；可以泄露个人信息；少于 800 字。（注：可尽情吐槽导演、监制，然后他们会酌情删去，嘻嘻。）

最难忘的一句台词

8 月 24 日，off。关于"假强奸"这场戏的最后一次剧本会在我的房间热烈召开。大会主题是：后天拍摄的这场戏，要不要加一句表现小北脆弱的台词？

赶上同盟李媛回北京，我孤军奋战。导演读了剧本，觉得"陈念，你不会抛下我的，是不是？"太肉麻了。我说，这场小北的台词都太理性了，只有这一句是没经大脑思考，脱口而出的话。虽然肉麻，但是最真。另一位编剧林咏琛不同意，说整部戏到假强奸之前，观众都没有看到过小北为另一个人牺牲的决心和强大……

大家经过了一辩、二辩、三辩，慢慢变成了广东话辩论，谁也没注意到旁边一脸蒙的我。最后导演和监制落锤宣判："你再想想有没有别的，不然就维持上一稿了。"然后大家就转头快乐地点菜吃火锅了……上一秒的挫败还没消化啊，我感觉好委屈的！但要说编剧的成长就体现在这一刻了，作为一个成熟的编剧，我立刻投入到吃火锅的气氛中，顺便多点了一份肥肠、一份毛肚、一份干贡菜、一份鲜黄花……

吃完火锅，大家离开。我饱得像只河豚一样坐在桌边想台词。刷朋友圈、微博，很多人都在"TFBOYS五周年演唱会"的现场，啊！更气了！转念一想，哼！演唱会算什么，此时此刻，全中国只有我，才是决定易烊千玺下一场吻戏说什么的人！！！化悲愤为力量，继续想……"抛下"太肉麻，那就改成"再见"。

第二天，拍摄小北剃头的戏，导演在拍戏空余，拿着手机看新改的台词，自己动手把"陈念，我将来还能见到你的，是不是？"改成"陈念，我们将来还会再见的，是不是？"，然后说："我能接受这样。"好吧，我也能接受。

26 日，"假强奸"拍摄现场，我紧张地坐在监视器后，小北说完这句台词，我还挺满意的。突然监制回头，盯着我，说："如果改成'陈念，等你长大以后，我们还会再见的……'怎么样？"我念了几遍，忙不迭地点头。

"陈念，等你长大以后，我们还会再见的，是不是？"

既强大，又脆弱。小北是陈念的盔甲，陈念也是小北的盔甲；陈念是小北的软肋，小北也是陈念的软肋。这才是真正的共生吧。绝望和希望是人生的正反面，就像我们的电影，最黑暗的时候才能瞥见黎明的光束。We are in the gutter, but some of us are looking at the stars.

导演还在抢着没有光之前拍几个警察追捕的镜头。夕阳里，我跟工作人员在破戏院外的空地上有一搭没一搭地聊天。快杀青了，大家都在体力耗尽的边缘，这是难得的轻松时刻。这一幕和那句台词会一直留在我的记忆里，这是做电影最大的感动和满足。这种感动和满足，等电影上映的时候、等电影被人忘记的时候、等我们长大以后、等我们变老以后，都还会再见的，是不是？

许佳真／制片人

一 ｜ 选择填空题

① 当你来到一个陌生的派对，你会：

　　A. 马上寻找可以搭话的人

　　B. 沉默不语

　　C. 夸张动作吸引他人注意

　　D. 观察周围

② 你眼中的监制……

　　A. 春天一般温柔

　　B. 夏天一般火热

　　C. 秋天一般冷漠

　　D. 冬天一般严苛

③ 最难搞定的工作伙伴是谁？

　　A. 演员

　　B. 监制

　　C. 导演

　　D. 品牌商

④ 如何搞定品牌商植入电影？

　　A. 靠颜值

　　B. 靠三寸不烂之舌

　　C. 靠内涵

　　D. 靠实力

① 2016 年　电影正式立项　　② 2017 年　剧本成形，定景重庆

③ 2018 年　山城炎夏，历时六十天拍摄，电影正式杀青　　④ 2019 年　电影上映

每一部电影的诞生都像一场高考，要跨越万水千山、历经艰难困苦，最终交上一份凝聚所有人心血的答卷。以上材料触发了你怎样的联想和思考？请据此写一篇文章，讲述你与《少年的你》的故事。要求：选好角度，真情实感，自拟标题；不要套作；可以泄露个人信息；少于 800 字。（注：可尽情吐槽导演、监制，然后他们会酌情删去，嘻嘻。）

我们是保护世界的少年

从读这本小说，到剧本出现，到现在的电影，一路的变化变化呀！

首先我要肉麻地谢谢这部电影的灵魂——监制和导演，带我一路参与。

开始对我来说，《少年的你》这个故事，最商业的是爱情，最感动我的也是爱情——小北保护陈念、守护陈念的那份纯粹。我为了你，可以与全世界为敌的不管不顾。我希望能有这样保护人的信念，也希望能遇见愿意这样保护我的另一个人。心里默默觉得这是大家都想有而不得的，肯定能引起大家的共鸣。

迎面而来的，怎么会是爱情呢？太小了！应该是超越爱情，不只爱情的感情！

我们在无数次的剧本会中，说到了陈念和小北的"共生关系"，觉得陈念和小北的情感太偶像剧了，有些对白太对白了，不够真实。这时候，监制说，如果把陈念想成是个男的，那这感情是否不那么爱情？他们就是没有血缘的兄弟的感觉，这样情感格局会比较大，情节和对白都会好看很多。而后，又在无数次讨论怎么霸凌陈念时，讨论着陈念可以被欺负的方式是被剪头发。导演在某天说，陈念和小北应该要理寸头！我当时心里想，两个都理寸头，背后看起来不就是兄弟俩吗？在拍摄那天，陈念理了寸头，从一开始就承诺要陪伴陈念的导演也理了，接着是摄影师、导演组、梳化组、赵珊、编剧等全理了。看见一颗颗寸头，突然觉得，在这部电影里，我们全是共生关系，我们都是没有血缘的兄弟。看着大家无论戏里戏外地加入想法，去打开这个故事。我看到了，他们所说的，不单单是爱情，还是一种更有力量且更大的爱。

现在的陈念和小北，是爱情，但不单单是爱情。

如果说，从前我为了"你保护世界，我保护你"的情感而感动，那么现在我更希望能学习和你们一起保护世界！

赵静 ／制片人

一 ｜ 选择填空题

① 你经常脑洞大开吗？

    A.　没错

    B.　分情况

    C.　很少

    D.　完全不会

② 与《七月与安生》团队第二次合作，你觉得谁的体重变化最大？

    A.　曾国祥

    B.　许月珍

    C.　周冬雨

    D.　你自己

③ 第一次看《少年的你》，哭到哪种程度？

    A.　强忍泪水

    B.　哭花眼妆

    C.　哭到颤抖

    D.　哭到扶墙

④ 如果你能穿越，你想成为：

    A.　江湖女侠

    B.　异域公主

    C.　大家闺秀

    D.　门派帮主

① 2016 年　电影正式立项　　② 2017 年　剧本成形，定景重庆

③ 2018 年　山城炎夏，历时六十天拍摄，电影正式杀青　　④ 2019 年　电影上映

每一部电影的诞生都像一场高考，要跨越万水千山、历经艰难困苦，最终交上一份凝聚所有人心血的答卷。以上材料触发了你怎样的联想和思考？请据此写一篇文章，讲述你与《少年的你》的故事。要求：选好角度，真情实感，自拟标题；不要套作；可以泄露个人信息；少于 800 字。（注：可尽情吐槽导演、监制，然后他们会酌情删去，嘻嘻。）

当故事遇见少年

我曾是一个"留守少女"。那是初中一年级快结束时，母亲要去三峡做些小本买卖，一年半载的，我被放到了奶奶家。没了母亲的管束，日子轻松，在即将到来的夏天里，屋里屋外透着一丝香甜。暑假，母亲寄钱回来，说女孩大了，穿着也得注意。我就揣着钱在一家出口转内销的高级铺子里，买了一双棕色的坡跟凉鞋，两百元。结完账，提着旧鞋，我更加确认了长大的滋味。

整个暑假就这样昂扬地过去了，暑气并没有跟着消退。开学第一天，一个许久未有的明媚日子，我暗暗揣着一股"独立"的自得，却在放学路上遇见了以前的小学同学 M。我们同级不同班，但曾经都在校篮球队，她是中锋，我是后卫，一起蹂躏过学校的男生队。

她个子蹿得更高了，身边围着几个女孩。听说她 11 岁生日那天，叫了很多朋友，闹了通宵，还喝了酒，后来被有些家长告到学校，吃了处分，之后她就没再去学校。后来的她就每天堵在校门口附近晃荡，从一群哭哭啼啼的女生们那儿搜刮零用钱，稍有不从的，就会被她一巴掌拍过去。两年来，我和大多数同学一样，会小心翼翼地躲开她们的视线，但也从不上前，呵斥她们说你们这样不对。

但那天，我还是在一个巷子口撞上了她们。她叫住我，说你的鞋挺好看，我们挨着穿。我说不行，这鞋刚买的。她一个巴掌就扇了过来。直到现在，我还记得她的手掌有多大，小学的时候，就差点能单手抓球了。我想还手，但她们人多势众，我还是被拖到了地上，她狠狠踢了我几脚，在小腿上，也在膝盖上。她把鞋从我脚上硬脱下来，我嘴里满是汗水和尘土的咸涩。我刚爬起，她把鞋扔还过来，说你鞋太小我穿不下，你请我们吃冷饮吧。

那段时间总被她们要求请客，或是上缴生活费。我见过她们对其他人的凶狠，也不和她们讨价还价，我在被她们围着的时候其他同学也绕道而行。后来，母亲回来了，我求她接送了我一个学期，母亲误以为小别重逢我格外腻她，为了补偿我，她尽量满足我的需求，自此之后，M 和她的跟班们就没再来找过我。那个夏天，母亲带我走过了那扇大门。

2016 年年初，我读到了一个故事，让我似乎又尝到了那个下午满嘴的咸涩。曾经我也问过自己，为什么是我，看过这个故事才知道，我也许是我们。我把故事推荐给了 Jojo 和 Derek，幸运的是，他们也喜欢它，然后就有了《少年的你》。后来看粗剪，看成片，一遍一遍，咸涩的味道挥之不去。写下这段从未告诉他人的往事，并不容易，几经辗转终于形成了文字，为故事里的少年，为"少年的你"。

余静萍 ／摄影指导

一 ｜ 选择填空题

① 如果你身边的物品可以开口说话，你希望和谁对话？

    A.　餐桌

    B.　手机

    C.　枕头 ■

    D.　食物

② 想象你在一片雪白的世界，出现了一只兔子，
你跟着它，觉得它会带你到哪里？

    A.　湖泊 ■

    B.　花园

    C.　城堡

    D.　海边

③ 电影中你最喜欢的一个镜头是？

小北和陈念在审讯室同盟。

④ NG 最多，拍到崩溃的一场戏是？

陈念以为小北被判死刑。

① 2016 年　电影正式立项　　② 2017 年　剧本成形，定景重庆

③ 2018 年　山城炎夏，历时六十天拍摄，电影正式杀青　　④ 2019 年　电影上映

每一部电影的诞生都像一场高考，要跨越万水千山、历经艰难困苦，最终交上一份凝聚所有人心血的答卷。以上材料触发了你怎样的联想和思考？请据此写一篇文章，讲述你与《少年的你》的故事。要求：选好角度，真情实感，自拟标题；不要套作；可以泄露个人信息；少于 800 字。（注：可尽情吐槽导演、监制，然后他们会酌情删去，嘻嘻。）

不怕

从来，青春都是像"好热"般的字眼，时不时会挂在嘴边，然后无意识地像是把怨或词穷的友人间的开场白那样，熟悉又陌生，好像自己不愿意面对似的。其实哪有这么难，活了大半个世纪了，从来都觉得自己压根儿没长大过，只是不晓得为什么，很多相信的事、崇拜的人、看过的风景都一件件、一个个、一幕幕地躲到遥远的黑洞里那样，无声无息，也不算消失……该留下的不会忘，该挨的苦不管后来甜不甜，不怕，不怕再来，反正我还是我，拍拍屁股再来。是吧，天气热了擦擦汗再来。你和我、他，不都是这样一步步走过来的吗？

2018 年 7 月至 9 月，我和青春重新相遇。一样又湿又黏又热，偶然降下的临时雨，并没有舒缓燥热，看着我们也不知道那是什么的迷惘、无知和猖狂，还是觉得自己没长大过。写下来和拍下来的，只是提醒，或许人生就是个无解的谜，每一个关卡只是要你学习，但并没有答案。不怕，不怕再来，我依然这样告诉自己，然后一切，一样如常，只好不怕，只能不怕。

吴里璐 ／造型指导

一 ｜ 选择填空题

① 日常生活中，你最喜欢的穿衣风格是：

A. 气质优雅
B. 甜美可爱
C. 美式休闲
D. 简单舒适 ■

② 觉得朋友今天的穿搭不合适，你会：

A. 并不在意，当作没看见
B. 委婉地表达自己的建议 ■
C. 直接拉去买衣服或单品

③ 你觉得最适合易烊千玺的发型是：

A. 寸头 ■
B. 辫子头
C. 中分
D. 光头

④ 你在 _20_ 岁的时候，会喜欢电影中 _小北_ 的打扮。

① 2016 年　电影正式立项　　② 2017 年　剧本成形，定景重庆

③ 2018 年　山城炎夏，历时六十天拍摄，电影正式杀青　　④ 2019 年　电影上映

每一部电影的诞生都像一场高考，要跨越万水千山、历经艰难困苦，最终交上一份凝聚所有人心血的答卷。以上材料触发了你怎样的联想和思考？请据此写一篇文章，讲述你与《少年的你》的故事。要求：选好角度，真情实感，自拟标题；不要套作；可以泄露个人信息；少于 800 字。（注：可尽情吐槽导演、监制，然后他们会酌情删去，嘻嘻。）

"少年的你"和"少年的我"

　　记得第一次和导演曾国祥开造型会，导演问："你觉得男女主角可以剪个寸头吗？"虽然知道《少年的你》并不是一般青春校园电影，但从未想过男女主角要来个寸头这么激烈！所以我第一个功课就是用计算机给演员试了好几款不同的短发和终极寸头。

　　演员要入戏，其实造型也要入戏。我们不断地试了好几款短发发型，画着画着，我慢慢感觉到导演要的是怎样的一个风格。最后我们大家都被那张寸头的计算机合成图惊艳到，异口同声道："好看！"小北和陈念诞生了。

　　这个只是旅程的开始，到底这个"愿望"能不能实现呢？现在的演员能为一部戏剪个短发已经是一件很难得的事，更何况是个寸头？更更何况我们是要求女主角同样剪寸头？听起来确实是有点异想天开！和周冬雨合作多次，算比较熟，我先私底下在微信上问她有没有剃头的可能，我还找了自己曾经剪过寸头的照片给她看，半哄半骗地企图去说服她，但换来的是："绝交！吴里璐，你死心吧！"而事实上，到了开机的那一天，我们还不知道两位演员到底肯不肯剃头（汗）！

　　到了拍摄陈念被剪头发的那一场戏，感觉各部门都严阵以待，场务组早就围好了黑布封锁现场确保没人偷拍。摄影组摆好了机位，副导演和各位演员不停地彩排，化妆组准备好汗水和血浆，服装组准备好毛巾和打底衣服，发型备着好几顶头套，一切都准备妥当，我们就安静地等待，等着摄影师余静萍回来拍这场终极霸凌。我突然心里有点激动，是因为戏里这个期待已久的剃头"愿望"终于成真，还是镜头外看到导演、监制、摄影师、编剧和每个工作人员，本来各不相干，只为了这部戏凝聚在一起所付出的努力和情感？我想都有吧。

　　《少年的你》讲的是"两个少年，一个世界"，现实中希望我们也能成为那个勇敢的少年。

小贝／原创音乐

一 ｜ 选择填空题

① 如果有一个地方可以逃避，你希望是？

A. 荒无人烟的孤岛
B. 楼顶天台 ■
C. 迷醉的酒吧
D. 美味餐厅

② 你最喜欢的音乐类型是？

A. 流行
B. 摇滚
C. R&B
D. 爵士
E. 其他（请说明）：　电影配乐，嘿嘿。 ■

③ 这次创作《少年的你》电影原声音乐用了多久？

久到我的文件夹里出现了两个用"十月"命名的文件夹……

④ 你认为下面几位中性格最少年的是？

A. 曾国祥
B. 许月珍
C. 周冬雨 ■
D. 易烊千玺

① 2016 年　电影正式立项　　② 2017 年　剧本成形，定景重庆

③ 2018 年　山城炎夏，历时六十天拍摄，电影正式杀青　　④ 2019 年　电影上映

每一部电影的诞生都像一场高考，要跨越万水千山、历经艰难困苦，最终交上一份凝聚所有人心血的答卷。以上材料触发了你怎样的联想和思考？请据此写一篇文章，讲述你与《少年的你》的故事。要求：选好角度，真情实感，自拟标题；不要套作；可以泄露个人信息；少于 800 字。（注：可尽情吐槽导演、监制，然后他们会酌情删去，嘻嘻。）

重庆少年游

开拍前，监制 Jojo 请我去重庆参与试拍，说有机会跟曾国祥导演（Derek）见个面聊聊，顺便感受一下高考。我很喜欢跟组，所以有机会去现场，又是 Jojo 呼叫，当然义不容辞就去了。一去就见到导演留着汗，扛起了笨重的机器自己拍了起来，还挺有架势的。导演边跑边拍，我一个高个子只能一直躲，不想被镜头拍到。后来再去组里的时候，导演竟然请我客串教数学，我蒙了，发现我连数学公式都念不出口。下次记得让我教英文吧，哈哈！

我去过几次现场，其中一次刚好参与到考试过后全场几百个人撕书的大场景。那几天剧组发生了很多事，大家的心情都很沉重。但是群演们都撕本子撕得很高兴，我也就这么跟着学生演员和工作人员们一起闹了起来。看着这么美的景和孤单走着的陈念，群演们呈现的喜悦与剧组心里的反差，印象非常深刻。

后来又跟导演讨论，我们决定帮忙 Ellen 完成一首歌曲，放在影片里面。其实后来这首歌也很奇妙地与电影的配乐融合成为其中一部分，就这么与影像结合了。希望这可以为剧组里的朋友们带来一点点温暖。

在重庆现场的几次，看到一群年轻人上课、准备考试、闹着玩，让我回想起青春期的种种事，有后悔的、丢脸的事，还有考试的压力和功课做不完的噩梦。但是相对地，青春时这世界还很大，朋友们还很亲近，大家都持着打不倒的希望和想要改变世界的梦想。"你保护世界，我保护你。"当初读到这句对白，觉得有点离谱。但是一回想起少年时，发现其实我也说过类似的话。青春，总是带着一股冲劲，一团无法浇熄的火焰。常常我带去的笔记簿什么也没写，带着这些回忆和感受回来就足够写曲了。

2018 年的夏天，在重庆参与了一场少年们的战斗，用音符记录下的这些故事，希望大家能喜欢。

张一博 ／剪辑师

一　选择填空题

① 你经常梦到你在……

　　A.　坠落

　　B.　飘浮

　　C.　找东西或人

　　D.　攀爬

② 熬夜剪片子的时候最想拉谁做伴？

　　A.　导演曾国祥

　　B.　监制许月珍

　　C.　独自孤独

　　D.　伴侣

③ 曾经因为剪片子多久没睡过觉？

　　A.　从没熬过夜

　　B.　一天一夜

　　C.　三天三夜

　　D.　一个星期可能会卒　　两天啊

④ 剪辑的时候和导演意见相左怎么办？

　　A.　揍导演，坚持己见

　　B.　默默让步，内心不忿

　　C.　爱咋咋地，听他的

　　D.　凭颜值说服导演

二 ｜ 作文　试阅读以下材料，并根据要求写作

① 2016 年　电影正式立项　　② 2017 年　剧本成形，定景重庆

③ 2018 年　山城炎夏，历时六十天拍摄，电影正式杀青　　④ 2019 年　电影上映

每一部电影的诞生都像一场高考，要跨越万水千山、历经艰难困苦，最终交上一份凝聚所有人心血的答卷。以上材料触发了你怎样的联想和思考？请据此写一篇文章，讲述你与《少年的你》的故事。要求：选好角度，真情实感，自拟标题；不要套作；可以泄露个人信息；少于 800 字。（注：可尽情吐槽导演、监制，然后他们会酌情删去，嘻嘻。）

酒店日记

听到屋里有人用麦克风喊我的名字，我知道自己中了，拨开人群挤进狭小的舞台中央，地上一片狼藉，门口吹不到空调的壮汉把衣服掀起来露着肚皮，大部分人脸上都充满了醉意和油光，以及疑惑的眼神。

这是 9 月初的重庆夜晚，《少年的你》杀青宴，导演二十分钟前已经断片，被用轮椅推回酒店，现场有笑有泪，也有思绪游离的座上宾，Jojo 拿着写有我名字的小卡片挥舞着——我中了冬哥派发的一万元杀青红包。

但现场大多数工作人员都不认识我。

不用去拍摄现场的剪辑师总是这样，你熟悉每一条素材、每一句台词、每一段电影里的悲欢离合，你和角色们朝夕相处，有时你甚至能察觉到扮演者今天的心情如何，但当红色开关按下，剩下的便一无所知。信息来自与导演、监制、主创们的闲聊，微信大群的只言片语，来自那张每周一新的通告单。有时候剪至深夜，便会突然恍惚，自己真的曾经属于这个电影剧组吗？

似梦中惊醒。

不知道第几次看到电影中书架合上的画面，字幕浮现，深吸一口气，一次次望向周围相同和不同的脸，看着好友与家人或紧张或严肃，或伤感或欣慰的表情，我终于不再忐忑了。这一针一线，已经缝补出最好的证明。

如梦初醒，但梦早已成真。

前几天饭桌上闲聊，大家说起回重庆，我说重庆最能勾起我回忆的，怕是只有机房所在的酒店了吧。但收起醉意，仔细想想，重庆，怕是空气都能把我带回那个夏天，更不用说她上下学必经的那条楼梯、他伴着淋浴声看向的那座高架桥，以及他跟在她后面走过的街街巷巷了。甚至不用回去，看向大家，我已经能忆起一切。

这是我第一部真正意义上的院线电影，从某种意义上来说，也一定是最好的那一部。

因为，认识了你们。

黄铮 ／音效设计

注意事项

I   答题时，考生需要先将自己的姓名、准考证号填写清楚，并认真检查监考员所粘贴的条形码；

II   选择题必须用 2B 铅笔填涂，简答题必须用 0.5 毫米黑色签字笔书写，字体工整，笔迹清楚；

III   请按照题号顺序在各题的答题区内作答，超出答题区域书写的答案无效；在草稿纸、试卷上答题无效；

IV   保持答题卡清洁，不得折叠。

一 ｜ 选择填空题

① 微信朋友圈中，你习惯各种点赞吗？

    A. 是

    B. 偶尔是

    C. 不是 ■

    D. 不看朋友圈

② 现场录音工作最怕碰到：

    A. 手机铃声响起

    B. 打雷下雨

    C. 演员原声台词差 ■

    D. 收到不存在的声音（灵异）

③ 你最喜欢哪座城市的声音？

    A. 重庆 ■

    B. 北京 ■

    C. 上海

    D. 青岛

④ 请用一句话形容独属于这部电影的声音：

审美好、帮助叙事、克制而释放。

　①2016 年　电影正式立项　　②2017 年　剧本成形，定景重庆

　③2018 年　山城炎夏，历时六十天拍摄，电影正式杀青　　④2019 年　电影上映

每一部电影的诞生都像一场高考，要跨越万水千山、历经艰难困苦，最终交上一份凝聚所有人心血的答卷。以上材料触发了你怎样的联想和思考？请据此写一篇文章，讲述你与《少年的你》的故事。要求：选好角度，真情实感，自拟标题；不要套作；可以泄露个人信息；少于 800 字。（注：可尽情吐槽导演、监制，然后他们会酌情删去，嘻嘻。）

请听听少年的声音

　　《少年的你》是我第二次与曾国祥导演合作的电影，也是第一次负责他的同期录音工作。曾导是一个懂声音并且关注电影里声音表达的导演，这一点是我们一起合作中最重要的默契与信任。

　　这部电影是我在《火锅英雄》之后第二次拍在重庆的戏。其实《火锅英雄》之后，我还有不少有关重庆的，想要通过声音来表达的内容。但是我们这次的剧本设定并不是重庆，虽然这次我也表达了一些上次没能来得及施展、发挥的重庆的声音特色，同时也把很多完全不同于重庆的声音放进了这部影片，来建立起故事中虚构的安桥市的声音。

　　我们的拍摄周期相对较紧，所以在现场我很难去录一些环境和音效的素材，不过还是会争取在挤出来的休息和收工后的时间里，一个人多去一些地方，录一些我觉得有意思的，可以在之后的制作中用到的元素。

　　重庆很热，这对我们的工作也造成了一些困难。我印象最深的是一次车戏，我们使用的是非传统的拍摄方法——由演员本人实际上路驾驶并拍摄。当时两个演员坐在前排以后，后排是摄影师、焦点员、导演。车内没有其他空间，我只能把着录音机蜷在很小的后备箱里。我们是夏天拍摄，重庆的夏天，特别是拍摄的那一年，基本天天都是 40 摄氏度高温。在一个行驶中车辆的后备箱里，加上我的设备产生的热量，基本上就是 50 多摄氏度了，后备箱还没有任何通风的地方，一旦关上盖，几分钟后就会开始觉得憋气。基本上每一条拍摄我能尽量坚持到二十分钟后，大家就得打开后备箱盖，让我稍微歇一歇，喘口气，拧拧已经被汗浸透的衣服。在现场类似这样的努力有很多，正是这些努力，最终叠加出来，才能保证一部电影同期声的高使用量。

　　到了后期制作，在音效的创作上我一般有很多方法，自己会尝试很多方案，再否定很多方案，最终留下来我认为最适合这部影片的声音。影片里作为少年，他们的凶猛以及无助我都希望能够通过声音来传达、表现出来。

　　我是一个喜欢和愿意通过大家看不见的点，以不容易被接受的途径，去表达、去传递自己想要传递的信息的人。因为我觉得潜移默化地传递有时也许比直白的一句话更有影响力。希望这部影片的声音制作，大家看的时候能够体会到，能有共鸣。